五感が喜ぶ
おいしい組み合わせ。

おつまみ
100

ワタナベマキ

宝島社

はじめに

おつまみを作るとき、いつもの食事以上に食感や香りを意識して作ります。
どんなお酒と飲みたいか、このお酒には何を合わせようか？など、
ペアリングも考えながら。
また、口に含んだときのおつまみとお酒の相性を想像しながら作るのも、
とても楽しい時間です。

何よりおつまみ作りで楽しいのは、少し冒険できること。
さっと作るときも少しだけ手の込んだものを作るときも、
何かしらのちょっとしたひと工夫を加える。
すると、そのほんの少しのアイデアがさらにお酒をおいしくし、
五感を刺激してくれるのかなあと思います。

基本的には、おつまみは、
季節の素材にシンプルにおいしい塩とオイルをかけるだけで十分！
と思っています。
でも、そこに酸味、香味野菜やスパイスの香りを加えたり、
同じ素材も生で食べたり、ゆでて、揚げて、蒸してなど調理法を変えることで、
食感や味わいにも変化が生まれます。

この本でご紹介するおつまみは、いつもの組み合わせにひと味プラスしたもの、
いつもはなかなか合わせないような、
おつまみならではの新しい素材の組み合わせなどなど。
少し「新しい味」というものを意識して作りました。

この味、食べてみたい！
この味、あのお酒と合わせたい！
と、みなさんにもワクワクするおつまみになっているとうれしいです。

みなさんの五感を刺激するおつまみをぜひ、お楽しみください。

ワタナベマキ

CONTENTS

はじめに ―― 002
マキ流 おつまみの極意 ―― 010

季節のおつまみ

春
- 001 スナップえんどうとグレープフルーツのマリネ ―― 012
- 002 アスパラガスの春巻き ―― 013
- 003 そら豆のひすい煮 ―― 014
- 004 ふきのとうのコンフィ ―― 015
- 005 蒸し新玉ねぎのハーブオイルがけ ―― 016
- 006 にんじんのレムラードソース ―― 017
- 007 シャキシャキキャベツとカリカリじゃこのマリネ ―― 018
- 008 クレソンといちごの白あえ ―― 019
- 009 にらのおひたし ―― 020
- 010 セロリと干しえびの炒め物 ―― 021
- 011 たけのことはまぐりの酒蒸し ―― 022
- 012 菜の花の昆布締め ―― 023

夏
- 013 トマトと梅のヤンニョムあえ ―― 024
- 014 じゃばらきゅうりときくらげの中華甘酢 ―― 025
- 015 シャキシャキピーマンの花椒あえ ―― 026
- 016 パプリカのガーリック赤ワインビネガー ―― 027
- 017 なすのフリット ―― 028
- 018 揚げズッキーニの香辣粉あえ ―― 029
- 019 焼きみそししとうのおかかたっぷり ―― 030
- 020 とうもろこしのマサラグリル ―― 031
- 021 オクラのだし漬け ―― 032
- 022 蒸し鶏のパクチーペーストのせ ―― 033
- 023 あじとみょうがの塩昆布あえ ―― 034
- 024 たこときゅうりのクミンソテー ―― 035

秋
025 まいたけのぎゅっと焼き —— 036
026 極薄切りマッシュルームと極薄切りパルミジャーノ —— 037
027 ごぼうとくるみのバルサミコソテー —— 038
028 厚切りれんこんの生ハムのせ —— 039
029 蒸し里いものアンチョビレモン —— 040
030 じゃがいもとローリエのコンフィ —— 041
031 揚げ長いもの花椒がらめ —— 042
032 柿の白あえ —— 043
033 栗の渋皮煮とぎんなんの白玉粉揚げ —— 044
034 洋なしとグリーンオリーブのマリネ —— 045
035 ぶどうとしめさばの生春巻き —— 046
036 さばの酒粕みそ焼き —— 047

冬
037 かぶの明太子あえ —— 048
038 ねぎの熱油がけ —— 049
039 春菊とベーコンのクロスティーニ —— 050
040 小松菜のジョン —— 051
041 金柑とせりのマリネ —— 052
042 せりの根っことライスペーパー揚げ —— 053
043 ブロッコリーのパン粉がけ —— 054
044 カリフラワーとりんごの春巻き —— 055
045 白菜と油揚げのしっとり煮 —— 056
046 半干し大根の豆豉炒め —— 057
047 ほうれん草とちくわのゆずこしょうあえ —— 058
048 かきの白みそソテー —— 059
049 たらのフリット —— 060
050 ぶりとディルのマリネ —— 061

いつものおつまみ

豆製品
051 豆腐ディップ カリカリバゲットのせ —— 062
052 豆腐のシュウマイ —— 063
053 ふっくら蒸し豆腐 —— 064
054 揚げだし豆腐 —— 065
055 厚切り油揚げのカリカリ焼き たっぷり九条ねぎがけ —— 066
056 しっとり卯の花 —— 067
057 干し豆腐のラー油あえ —— 068
058 厚揚げのピーナッツじょうゆがけ —— 069

卵

- **059** 半熟卵の五香粉漬け ── 070
- **060** ゆで卵とケイパーアンチョビーのサラダ ── 071
- **061** 干しえびと香菜の卵焼き ── 072
- **062** 揚げ焼き卵とトマトのソテー ── 073
- **063** うずらのナンプラー漬け ── 074
- **064** ピータンの香菜あえ ── 075

人気素材

- **065** 豆もやしとしょうがのナムル ── 076
- **066** もやしと紅しょうがの天ぷら ── 076
- **067** アボカドの白みそわさびマヨ焼き ── 077
- **068** アボカドとかつお節のレモン塩あえ ── 077
- **069** 枝豆の紹興酒漬け ── 078
- **070** 枝豆のチリガーリックまぶし ── 078
- **071** たらこの干し大根あえ ── 079
- **072** 切り干し大根のアンチョビーパセリマリネ ── 079

魚介

- **073** まぐろと松の実のごま油あえ ── 080
- **074** スモークサーモンのタルタル ── 081
- **075** ほたての山椒オイル ── 082
- **076** えびと絹さやのうま煮 ── 083
- **077** サーモン親子のおろしあえ ── 084
- **078** 小魚のフライ ── 085
- **079** 焼きししゃもの南蛮漬け ── 086
- **080** オイルサーディンとじゃがいものマリネ ── 087
- **081** さば缶のキムチあえ ── 088
- **082** ツナとたくあんのあえ物 ── 089

肉

- **083** カリッとチキンのビネガーがけ ── 090
- **084** チキンピックル ── 091
- **085** 豚肉のガリ巻き ── 092
- **086** 厚切り豚肉のソテー　ザワークラウトのせ ── 093
- **087** タリアータ ── 094
- **088** 牛の紹興酒しゃぶしゃぶ　ごまだれ ── 095
- **089** 軟骨入り肉だんご　青ねぎのせ ── 096
- **090** ひき肉とえごまのジョン ── 097
- **091** 鴨肉のしょうゆ漬け ── 098
- **092** ほぐしささ身と薬味たっぷりのかんきつあえ ── 099
- **093** シンプルなレバーペースト ── 100
- **094** 蒸し砂肝 ── 101

〆の二口ご飯＆めん・次の日のスープ

- **095** みそ焼きおにぎり —— 102
- **096** 鶏だしのスープ茶漬け —— 103
- **097** 昆布だしの中華ねぎそば —— 104
- **098** しじみにゅうめん —— 105
- **099** 干ししいたけと梅干しのスープ —— 106
- **100** 塩だらの卵スープ —— 107

Column
- 素材の組み合わせ —— 108
- 切り方 —— 109
- 下ごしらえ —— 110
- 盛りつけ —— 111

この本の使い方
- 材料は少なめの2人分を基本にしています。作りやすい分量の場合は、その旨明記しています。
- 小さじ1＝5mL、大さじ＝15mL、1カップ＝200mLです。
- 野菜の「洗う」「皮をむく」などの下処理は基本的に省略しています。適宜行ってください。
- レシピ内の「塩」は自然塩、「しょうゆ」は濃口しょうゆです。「だし」は昆布とかつお節でとったものです。
- 電子レンジの加熱時間は600Wの目安です。500Wの場合は、加熱時間を1.2倍に、700Wの場合は0.8倍を目安にしてください。
- 電子レンジ、オーブントースター、魚焼きグリルは機種によって加熱時間が異なります。取り扱い説明書の指示に従い、様子を見ながら調整してください。

STAFF

ブックデザイン
小橋太郎(Yep)

撮影
新居明子

スタイリング
池水陽子

調理アシスタント
伊藤雅子
小西奈々子

企画・編集
飯村いずみ

マキ流
おつまみの心得

1.
薬味使いが決め手

薬味は私のおつまみのマストアイテム。爽快な香りがお酒の風味と相まり、相乗効果でどちらもおいしくなるのです。できれば2〜3種類を組み合わせると、香りも味わいもより複雑になります。

2.
食感にこだわる

食感もおいしさの大事な要素。しんなりやわらかいものにはカリッと食感のあるものを、またはその逆も。対照的な食感が一緒になると口の中がリズミカルになり、楽しい気分を盛り上げてくれます。

3.
スパイスを利かせる

ピリッと辛いスパイスやスパイシーな香りを上手に使うと、料理にメリハリが生まれます。ただし、多すぎないよう注意。口に入れたときにふわっと香るくらい、辛味はをちょこっと感じるくらいに。

4.
オイル使いがキモ

仕上げにオイルをたらりとかけると、一気におつまみ仕様になります。コクがプラスされるだけでなく、素材にまとったオイルの香りがふんわりと口の中に広がり、食欲をそそる効果も。

5.
調理法はシンプルが基本

おかずとの違いは、手をかけすぎないこと！ 素材の持ち味を生かしたシンプルな調理がおつまみには合う気がします。シンプル調理だからこそ、素材の組み合わせにはこだわりたいもの。

季節のおつまみ・春

001
スナップえんどうとグレープフルーツのマリネ

スナップえんどう …… 7本
グレープフルーツ …… 1/2個
白ワインビネガー …… 小さじ2
塩 …… 小さじ1/3
オリーブ油 …… 大さじ1
粗びき黒こしょう …… 少々

◎2人分

1 スナップえんどうは筋を取り、塩少々(分量外)を入れた熱湯で1分30秒ほどゆで、縦に割る。グレープフルーツは皮と薄皮をむき、食べやすくちぎる。

2 1を白ワインビネガー、塩でざっとあえ、オリーブ油を回しかける。器に盛り、粗びき黒こしょうをふる。

MEMO

鮮やかなグリーンが美しいスナップえんどうのさわやかなマリネ。グレープフルーツが口の中ではじけて、ソースのようにスナップえんどうを包みます。あれば文旦もおすすめ。

002
アスパラガスの春巻き

春巻きの皮 …… 4枚
アスパラガス …… 6本
塩 …… 少々
水溶き小麦粉
　薄力粉 …… 小さじ2
　水 …… 小さじ2
揚げ油 …… 適量
ボッタルガパウダー（粉末からすみ）
　…… 適量

◎4本分

1 アスパラガスは根元のかたい部分の皮をむき、長さを半分に切る。

2 春巻きの皮に**1**を3本ずつのせて塩をふり、左右を折ってくるくると巻き、縁に水溶き小麦粉をつけて留める。

3 200℃の揚げ油に**2**を入れ、きつね色になるまで揚げる。器に盛り、ボッタルガパウダーをふる。

MEMO
アスパラガスは生のまま揚げるからこそのホクホク感！　カリカリの皮とのコントラストを楽しんでください。からすみ粉をかけると、うまみと塩味が加わり、見た目も華やか。

春

003
そら豆のひすい煮

そら豆 …… (さやから出して) 70g

A ｛ 水 …… 80mL
みりん …… 大さじ1と1/2
薄口しょうゆ …… 小さじ1
塩 …… 少々

◎作りやすい分量

1 そら豆は薄皮をむき、黒い筋を除く。

2 鍋にAを入れて中火にかけ、煮立ったら1を入れ、弱めの中火で5分煮る。

3 氷水で2の鍋底を冷やし、一気に冷ます。

=== MEMO ===

そら豆のきれいなひすい色をいかすため、しょうゆは薄口を使い、煮た後は一気に冷まします。少し甘めの味つけにするのがコツ。日本酒、白ワイン、スパークリングと合わせたい。

007

シャキシャキキャベツとカリカリじゃこのマリネ

キャベツ …… 200g
ちりめんじゃこ …… 15g
A ┌ 練りわさび …… 小さじ 1/3
  │ 黒酢 …… 大さじ1
  │ 塩 …… 小さじ 1/2
  └ ごま油 …… 小さじ2

◎2人分

1 キャベツはせん切りにし、塩小さじ 1/3（分量外）をふり、10分ほどおく。しんなりしたら水けを絞る。

2 フライパンにちりめんじゃこを入れ、さっと乾煎りする。

3 ボウルに **A** を入れて混ぜ、**1**、**2** を加えてあえる。

=== MEMO ===

キャベツのシャキシャキ感とじゃこのカリカリ感が楽しい、リズミカルな一品。少しのわさびでスーッとさわやかな辛味も加えると、よりお酒が進む味になります。

006
にんじんのレムラードソース

にんじん …… 1本(120g)
A ┌ アンチョビーフィレ(みじん切り)
  │   …… 2枚
  │ 塩漬けケイパー …… 3g
  │ にんにく(すりおろす)
  │   …… 1/2かけ
  │ マヨネーズ …… 大さじ1
  └ オリーブ油 …… 少々
パセリ(みじん切り) …… 適量

◎2人分

1 Aのケイパーは水洗いし、水に5分ほどひたして粗みじん切りにする。にんじんは細切りにし、耐熱皿にのせてラップをかけて電子レンジで1分30秒加熱する。

2 ボウルにAを入れてよく混ぜ、パセリ、にんじんの水けを拭いて加え、あえる。

MEMO

レムラードとはマヨネーズにケイパーなどを加えたソース。ここでは、アンチョビーも加え、さらに塩味とうまみアップ。にんじんはゆですぎる心配のない、レンジ加熱がおすすめ。

005
蒸し新玉ねぎのハーブオイルがけ

新玉ねぎ …… 1個
A ┃ にんにく(薄切り) …… 1かけ
　┃ ローズマリー …… 1〜2本
　┃ オリーブ油 …… 大さじ1
　┃ 塩 …… 小さじ1/2
バター …… 15g
粗びき黒こしょう …… 少々

◎2人分

1 玉ねぎは半分に切る。オーブンシートを敷いたせいろにおき、Aを順にかけ、蒸気の上がった鍋にのせて強火で15分蒸す。

2 バターをのせてなじませ、さらにオリーブ油適量(分量外)をかけ。粗びき黒こしょうをふる。

MEMO

お店で新玉ねぎを見つけると、まず作るのがこの料理。やわらかくて、ジューシーで甘味がある新玉ねぎはそれだけでごちそう。なので、シンプルな味つけで楽しみます。

004
ふきのとうのコンフィ

ふきのとう …… 8〜10個
A ┌ ローリエ …… 1枚
  │ にんにく(つぶす) …… 1かけ
  │ 塩 …… 小さじ1
  │ 白ワイン、オリーブ油
  └   …… 各1/2カップ
粗びき黒こしょう …… 少々

◎2人分

1 ふきのとうはさっと洗って拭き、根元を薄く切り落とし、塩少々(分量外)を入れた熱湯で3分ほどゆでる。冷水に10分ほどさらし、水けを拭く。

2 フライパンに**1**、**A**を入れ、中火にかける。煮立ったら弱火にし、蓋をして8分煮る。仕上げに粗びき黒こしょうをふる。

=== MEMO ===
コンフィは「低温で煮る」調理法。ふきのとうはアクが強いので、下ゆでしてから煮ます。やわらかくなったふきのとうを頬張ると、ほのかな苦味と香りが口いっぱいに!

008
クレソンといちごの白あえ

クレソン …… 50g
いちご …… 8個

あえ衣
　木綿豆腐 …… 1/2丁(150g)
　くるみ …… 8粒
　A ┌ しょうゆ …… 小さじ1
　　└ 塩 …… 小さじ1/3
オリーブ油 …… 大さじ1

◎2人分

1 豆腐はペーパータオルに包み、倍の重しをして1時間おいて水きりする。

2 クレソンは根元のかたい部分を落とし、食べやすく切る。いちごは縦半分に切る。

3 くるみはフライパンに入れ、弱めの中火で表面が温まるまで軽く煎る。すり鉢に入れて半ずりし、**1**、**A**を加えてすり混ぜる。なめらかになったら、**2**を加えてあえる。器に盛り、オリーブ油をかける。

MEMO

ごまを使うことが多い白あえですが、より香ばしくしたくて、くるみを使いました。具は季節のいちごとクレソンで華やかに。仕上げのオイルで、ワインにも合う味になります。

009
にらのおひたし

にら …… 1把
A ┃ だし …… 3/4カップ
　┃ みりん …… 大さじ2
　┃ 薄口しょうゆ …… 小さじ2
しょうが(すりおろし) …… 少々

◎2人分

1　にらは塩少々(分量外)を加えた熱湯で1分30秒ほどゆで、冷水にとって水けをしっかりと絞る。食べやすい長さに切り、さらにペーパータオルで水けを拭く。

2　鍋にAを入れて中火にかけ、煮立ったら火を止め、1を加え、最低30分浸す。器に盛り、しょうがをのせる。

=== MEMO ===

おひたしの中でも上位に入るほど好きな、にらのおひたし。キュッキュッとした独特の歯ごたえで、甘味を利かせた濃いめのひたし地とよく合います。しょうがをアクセントに。

010
セロリと干しえびの炒め物

セロリ …… 1本(150g)
セロリの葉(せん切り) …… 3枚
干しえび …… 10g
しょうが(せん切り) …… 1かけ
ごま油 …… 少々
紹興酒(または酒) …… 小さじ1
ナンプラー …… 小さじ1/2

◎2人分

1. 干しえびは熱湯大さじ1に10分ほど浸してもどし、粗く刻む。もどし汁はとっておく。セロリは斜め薄切りにする。
2. フライパンにごま油、しょうがを入れて中火で炒め、香りが出てきたら1の干しえび、セロリを入れてさっと炒める。
3. 干しえびのもどし汁、紹興酒、ナンプラー、セロリの葉を加え、汁けがなくなるまで炒め合わせる。

MEMO
セロリはさっと炒めるとシナシナ感も加わり、それもまたおいしい。味出しには干しえびを。もどし汁もおいしいので、具材にしっかり含ませるように炒め合わせます。

011
たけのことはまぐりの酒蒸し

たけのこ(ゆでたもの) …… 100g
はまぐり(砂抜き済) …… 4〜5個
酒 …… 80mL
薄口しょうゆ …… 小さじ2
白いりごま …… 少々

◎2人分

1. たけのこは縦4〜6等分に切る。はまぐりは殻をこすり合わせて洗う。
2. 鍋にはまぐり、酒を入れ、蓋をして殻が開くまで中火で4分蒸し煮にする。
3. たけのこを加えてさっと煮て、温まったら薄口しょうゆで味を調える。器に盛り、白ごまをふる。

MEMO

はまぐりとたけのこは出会いもの。どちらも上品な香りがあり、たけのこのコリコリ食感がはまぐりのおいしさを引き立てます。貝は火を通し過ぎるとかたくなるので、注意して。

012
菜の花の昆布締め

菜の花 …… 1束(200g)
昆布 …… 8×15㎝長さ2枚

◎2人分

1. 鍋に水1.5Lに塩小さじ$\frac{1}{2}$(分量外)を入れて煮立て、菜の花を根元から入れ、40秒ほどしたら穂先まで沈める。さらに50秒ほどゆで、冷水にとって水けをしっかりと絞る。

2. 昆布は水でぬらしてかたく絞ったふきんで拭く。1に塩少々(分量外)をふり、昆布2枚ではさみ、ラップをぐるぐると巻いてしっかり包み、冷蔵庫で8時間ほどおく。

3. 昆布をはずし、菜の花を食べやすく切る。

=== MEMO ===

ほろ苦い菜の花を塩ゆでして昆布で包んでしばらくおくだけ。時間はかかりますが、春ならではの味覚です。菜の花は根元からゆで、ゆですぎないのもポイント。

季節のおつまみ・夏

013
トマトと梅のヤンニョムあえ

トマト ―― 1個(200g)
梅干し ―― 1個
A ┌ コチュジャン ―― 小さじ1
  └ しょうゆ ―― 小さじ1/2
ごま油 ―― 小さじ2
白いりごま ―― 小さじ1

◎2人分

1 トマトは2cm角に切る。
2 梅干しは種を除いて叩き、Aを混ぜる。
3 2に1、ごま油、白ごまを加え、あえる。

===== MEMO =====
ヤンニョムは韓国の合わせ調味料のこと。コチュジャンに梅干しを合わせたら、辛味と酸味と甘味がクセになる味わいに。トマトのほか、きゅうりやズッキーニ、大根でも。

014
じゃばらきゅうりときくらげの中華甘酢

きゅうり ── 1本
きくらげ ── 3枚
しょうが(せん切り) ── 1かけ
A ┃ 赤唐辛子(小口切り) ── 1/2本
  ┃ しょうゆ、黒酢 ── 各大さじ1
  ┃ 砂糖、ごま油 ── 各小さじ1

◎2人分

1 きゅうりはじゃばらに切り(MEMO参照)、塩少々(分量外)をすり込んで10分おき、水けを拭いて5等分に切る。きくらげは熱湯でさっとゆで、そぎ切りにし、共にバットに入れる。

2 鍋にAを入れて中火にかけ、煮立ったら1にかけ、しょうがを加えて30分以上漬ける。

MEMO
じゃばら切りは、きゅうりをまな板におき、両橋に割りばしを置いてはさんで斜めに切り込みを入れ、きゅうりの上下を返して同様に切ります。味が染みやすく、食感が楽しくなる切り方。

夏

015
シャキシャキピーマンの花椒(ホワジャオ)あえ

ピーマン……2個
しょうが（せん切り）……1かけ
A ┃ 塩……小さじ1/2
　 ┃ 酒……大さじ1
　 ┃ ごま油……小さじ1
塩……少々
花椒パウダー（または粉山椒）
　　……小さじ1/2

◎2人分

1 ピーマンは種とヘタを除き、横に細い輪切りにする。

2 熱湯500mLに**A**を入れ、**1**を30秒ほどゆで、ざるに上げて水けを拭く。

3 **2**にしょうが、塩、花椒パウダーを加え、あえる。

MEMO
ピーマンのシャキシャキ感が心地よく、食べ始めると止まらなくなります。塩、酒、ごま油を入れた湯で、さっとゆでるからこそのおいしさです。しょうがの辛味もいい感じ。

016
パプリカのガーリック赤ワインビネガー

赤パプリカ …… 1/2 個
黄色パプリカ …… 1/2 個
A [にんにく(つぶす) …… 1かけ
　赤ワインビネガー、オリーブ油
　　…… 各大さじ2
　塩 …… 小さじ1/2]
粗びき黒こしょう …… 少々

◎2人分

1 パプリカは種とヘタを除き、直火(魚焼きグリルでもよい)で皮が真っ黒になるまで焼く。ビニール袋に入れて15分おいて皮をむき、食べやすく切る。

2 ボウルにAを入れて混ぜ、1を入れてあえる。器に盛り、粗びき黒こしょうをふる。

=== MEMO ===
焼いて甘味を凝縮させ、皮をむいたパプリカは、とろりとやわらかくてまるでフルーツのよう。真っ黒に焼いた後、ビニール袋に入れて蒸らすと、皮がつるりとむきやすくなります。

夏

017
なすのフリット

なす …… 2本
衣
　薄力粉 …… 大さじ2
　ベーキングパウダー
　　　…… 小さじ1/2
　炭酸水 …… 80mL
揚げ油、塩 …… 各適量
レモンのくし形切り …… 2個

◎2人分

1 なすは乱切りにし、水けを拭いて薄力粉大さじ1(分量外)をまぶす。

2 ボウルに衣の薄力粉、ベーキングパウダーを入れて混ぜ、炭酸水を加えてさっと混ぜる。

3 1に2の衣をからめ、200℃の揚げ油に入れ、表面がカリッとするまで揚げる。塩をかけ、レモンを添える。

=== MEMO ===
なすは油と相性がよく、揚げ物にするとおいしい野菜です。フリットにするときは、ふっくらさせる働きのあるベーキングパウダーと、サクッと軽く仕上がる炭酸水を入れた衣で。

018
揚げズッキーニの香辣粉あえ
(シャン ラー フェン)

ズッキーニ …… 1本(250g)
A ┌ 粗びき赤唐辛子 …… 小さじ1/2
  │ 五香粉パウダー …… 小さじ1/4
  │ 花椒パウダー(または粉山椒)
  │   …… 小さじ1/3
  └ 塩 …… 小さじ1/3
揚げ油 …… 適量

◎2人分

1 ズッキーニは1.5cm幅の半月切りにする。
2 ボウルに**A**を入れ、混ぜる。
3 180℃の揚げ油に**1**を入れ、軽く色づくまで揚げ、油をきる。**2**に入れ、軽くあえる。

MEMO

スパイスを混ぜて香辣粉風を作りましたが、その名のスパイスも売っているので手に入ったら、そちらで。赤唐辛子と花椒の辛味、五香粉の香りがクセになる!

019
焼きみそししとうのおかかたっぷり

ししとう …… 10本
サラダ油 …… 少々
みそ …… 大さじ1
削り節 …… 5g

◎2人分

1 ししとうは軸を切り落とす。

2 フライパンにサラダ油を熱し、**1**を入れて焼き目がつくまで中火で焼く。

3 温かいうちにみそを加えてからめる。器に盛り、削り節をふる。

=== MEMO ===

ししとうを香ばしく焼き、みそをからめておかかをかけるだけ。簡単だけど、酒を誘うのは、こんなシンプルな料理。たっぷりかけたおかかを全体にからめながら食べてください。

020
とうもろこしのマサラグリル

とうもろこし(ゆでる) …… 1本
しょうゆ …… 小さじ1
A[クミンパウダー、
　コリアンダーパウダー、
　ガーリックパウダー
　　…… 各小さじ1/3
　塩 …… 少々]
オリーブ油 …… 小さじ2

◎2人分

1 とうもろこしは4等分の輪切りにする。

2 しょうゆをからめ、**A**をまぶし、オリーブ油をかけて、オーブントースターで表面に焼き目がつくまで5〜6分焼く。

MEMO
メキシコやインドにある、焼きとうもろこしにスパイスをまぶした料理をイメージ。スパイスとガーリックの香りが食欲をそそります。ビールをぐびぐび飲みたい気分！

021
オクラのだし漬け

オクラ —— 10本
昆布 —— 5cm角1枚
A [だし —— 1カップ
    みりん —— 大さじ2
    酒 —— 大さじ1]
黒いりごま —— 適量

◎2人分

1 鍋にAを入れ、昆布に切り目を入れて30分ほど浸す。弱めの中火にかけ、煮立ったら火を止め、昆布を除く。

2 オクラはガクを除き、塩適量(分量外)で板ずりし、熱湯で30秒ゆでる。

3 1に2を浸し、最低30分ほどおく。器に盛り、黒ごまをふる。

=== MEMO ===

粘りと種のプチプチ感がおいしいオクラ。板ずりして産毛を取ると共に、色鮮やかに仕上げます。さっとゆでて甘味強めの浸し地に30分以上浸し、味をしっかり含ませてください。

022
蒸し鶏のパクチーペーストのせ

鶏もも肉 …… 200g
塩 …… 少々　紹興酒 …… 大さじ3
パクチーペースト
　香菜 …… 10g
　しょうが (すりおろす) …… 1/2かけ
　にんにく (すりおろす) …… 1/2かけ
　ナンプラー …… 小さじ2
　レモン汁 …… 小さじ1
白いりごま …… 適量

◎2人分

1 鶏肉に塩と紹興酒をもみ込み、30分おく。

2 1をオーブンシートを敷いた蒸し器におき、蒸気の上がった鍋にのせ、弱火で12分蒸す。

3 香菜はみじん切りにし、残りのペーストの材料を加えて混ぜる。食べやすく切った2にのせ、白ごまをふる。

MEMO

弱火でゆっくりやわらかく蒸し上げた鶏肉をエスニック風味のパクチーペーストでいただきます。鶏肉は紹興酒をふって蒸すと、臭みが抜けるだけでなく、いい香りがつきます。

夏

023
あじとみょうがの塩昆布あえ

あじ(刺し身用)＊ …… 1尾分
みょうが(せん切り) …… 1個
塩昆布(粗みじん切り) …… 2g
酒(煮きる※MEMO参照) …… 大さじ1
青じそ …… 1〜2枚

＊ アニサキスが心配な場合は、-20℃で48時間以上冷凍する。

◎2人分

1. あじは皮と骨をのぞき1cm幅に切る。
2. みょうがは水にさっとさらして水けを拭く。
3. **1**を煮きった酒、塩昆布であえ、**2**とざっくりとあえ、青じそをのせた器に盛る。

===== MEMO =====

酒を煮きるときは、酒を耐熱皿に入れ、ラップをかけずに30秒加熱してアルコール分を飛ばし、冷まします。煮きると、えぐみが消えてうまみだけが残ります。

024
たこときゅうりのクミンソテー

ゆでたこ ⸺ 100g
きゅうり ⸺ 1本
にんにく（みじん切り）⸺ 1かけ
オリーブ油 ⸺ 大さじ1
クミンシード ⸺ 小さじ1
塩 ⸺ 小さじ1/3

◎2人分

1 たこは水洗いして水けを拭き、乱切りにする。きゅうりも乱切りにする。

2 フライパンにオリーブ油、にんにく、クミンシードを入れ、弱火で炒める。香りが出てきたら**1**を加え、中火でさっと炒め、塩で調味する。

MEMO
プリン！としたたこに、きゅうりの生とは違った食感が楽しいコンビ。きゅうりは炒めると、独特の香りが苦手な人にも食べやすくなります。クミンの香りが夏にぴったり。

季節のおつまみ・秋

025
まいたけのぎゅっと焼き

まいたけ …… 100g
オリーブ油 …… 小さじ2
塩 …… 小さじ1/2
レモンの皮 …… 適量

◎2人分

1 まいたけは手で大きめに割る。

2 フライパンにオリーブ油を熱して**1**を入れ、ヘラで軽く押さえながら両面を中火で焼く。

3 焼き色がついたら器に盛り、塩をふり、レモンの皮を削り、オリーブ油少々（分量外）をかける。

=== MEMO ===

きのこはついつい炒めがちですが、あまり動かさずに焼くのがうまみを引き出すコツです。焼き色がつくまでしっかり焼くと、水分が飛んで味わいがぐっと濃くなり、香りも豊か。

026

極薄切りマッシュルームと極薄切りパルミジャーノ

マッシュルーム …… 4個
パルミジャーノ・レッジャーノ
　　…… 20g
塩 …… 少々
赤ワインビネガー …… 小さじ2
オリーブ油 …… 適量
粗びき黒こしょう …… 少々

◎2人分

1　パルミジャーノ・レッジャーノはピーラーで薄く削る。マッシュルームは食べる直前に、石づきを落とし、できるだけ薄く切る。

2　器に盛り、調味料を記載順にふる。

MEMO
生のマッシュルームのホクホクともサクッとも表現できない食感がおいしさなので、できるだけ薄く切ってください。変色しやすいので、切るのは食べる直前に。

秋

027
ごぼうとくるみのバルサミコソテー

ごぼう …… 1/2本(100g)
くるみ …… 40g
オリーブ油 …… 小さじ2
A ┌ 白ワイン …… 大さじ1
  │ バルサミコ酢
  │   …… 大さじ1と1/2
しょうゆ …… 小さじ2
粗びき黒こしょう …… 少々

◎2人分

1. ごぼうは縦半分に切り、斜め薄切りにして水にさっとさらし、水けをきる。くるみは粗く刻む。
2. フライパンにオリーブ油を熱し、ごぼうを中火で炒める。
3. ごぼうが透き通ったらAを加えて汁けがなくなるまで炒め、しょうゆ、くるみを加えてさっと炒める。器に盛り、粗びき黒こしょうをふる。

=== MEMO ===

力強い食感と香りのごぼうと香ばしいくるみ、甘味の強いバルサミコは相性がいいようです。お酒は軽めの赤ワインや甘めのロゼを合わせるのが好み。

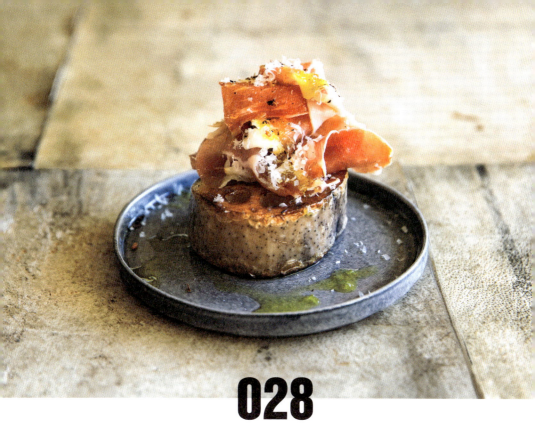

028

厚切りれんこんの生ハムのせ

れんこん ── 120g
生ハム ── 2枚
パルミジャーノ・レッジャーノ
　　── 20g
オリーブ油 ── 小さじ2
塩 ── 少々
赤ワインビネガー ── 小さじ2
粗びき黒こしょう、オリーブ油
　　── 各少々

◎2人分

1. れんこんはよく洗い、皮つきのまま3㎝厚さに切る。蒸気の上がったせいろに入れ、強火で12分蒸す。
2. フライパンにオリーブ油を熱し、1の両面を中火で焼き目がつくまで焼き、塩をふり、器に盛る。
3. 生ハムをのせ、赤ワインビネガーをかけ、パルミジャーノ・レジャーノを削りのせ、粗びき黒こしょう、オリーブ油をふる。

MEMO

蒸して甘味を引き出したれんこん。その表面を香ばしく焼いたら、ホクホクでむっちりの独特の食感に。蒸し器の代わりにレンジを使う場合は、ラップで包んで5分加熱して。

029
蒸し里いものアンチョビレモン

里いも ······ 4個
アンチョビー ······ 4枚
レモン（薄切り）······ 4枚
レモン汁 ······ 小さじ2
粗びき黒こしょう、塩 ······ 各少々
オリーブ油 ······ 適量

◎2人分

1 里いもはよく洗い、蒸気の上がったせいろに入れて強火で12分蒸し、皮をむく。

2 器にレモンを敷き、**1**をおき、アンチョビーをのせる。レモン汁、粗びき黒こしょう、塩、オリーブ油を順にかける。

— MEMO —
里いもの粘りのあるまったりとしたおいしさをレモンの酸味とアンチョビーの塩味が引き締めます。里いもは蒸す代わりに、電子レンジで8分ほど加熱してもOK。

030
じゃがいもとローリエのコンフィ

- じゃがいも …… 1〜2個（200g）
- ローリエ …… 6〜7枚
- 揚げ油 …… 適量
- 塩 …… 小さじ 2/3
- ディジョンマスタード* …… 適量
- *フランスのディジョン地方発祥のまろやかで風味のよいマスタード

◎2人分

1. じゃがいもはよく洗い、皮つきのまま2〜4等分に切り、ざるに広げて1〜2時間おく。
2. 鍋に揚げ油、ローリエ、1を入れて中火にかけ、200℃まで上げ、4分ほど色づくまで揚げる。器に盛り、塩をふり、マスタードを添える。

MEMO
冷たい油から揚げると、じゃがいもの水分が出て表面カリカリ、中はホクホク！ ローリエも一緒に揚げて風味をつけます。キンキンに冷えた白ワインやビールと一緒がおすすめ。

031
揚げ長いもの花椒(ホワジャオ)がらめ

長いも ⋯⋯ 150g
花椒 ⋯⋯ 小さじ2
揚げ油
　サラダ油 ⋯⋯ 適量
　ごま油 ⋯⋯ 小さじ2
塩 ⋯⋯ 小さじ1/3

◎2人分

1 長いもはよく洗い、皮つきのまま2㎝厚さの半月切りにする。

2 揚げ油を180℃に熱し、**1**を入れる。軽く色づいたら花椒も加え、20秒ほど揚げ、長いもと一緒に取り出す。器に長いも、花椒の順に盛り、塩をふる。

MEMO
長いもは揚げるとサクッ！ ホクッ！ の両方が味わえます。揚げた花椒と一緒にどうぞ。揚げ油に少し加えたごま油のおかげで香ばしさがプラスされ、箸がますます進みます。

032
柿の白あえ

柿 …… 1個

あえ衣
- 木綿豆腐 …… 100g
- クリームチーズ …… 大さじ2
- 塩 …… 小さじ$\frac{1}{3}$
- オリーブ油 …… 大さじ$\frac{1}{2}$

オリーブ油 …… 大さじ$\frac{1}{2}$

◎2人分

1 あえ衣の豆腐はペーパータオルで包み、2倍の重しをして30分〜1時間おき、しっかり水きりする。

2 **1**に残りのあえ衣を加え、混ぜる。

3 柿は2cm角に切り、**2**に加えてあえる。器に盛り、オリーブ油をかける。

MEMO
柿は白あえにするとおいしいフルーツ。あえ衣にクリームチーズとオリーブ油のコクが加わると、一気にワインにも合うつまみに。スパークリングワインや日本酒によく合います。

秋

033

栗の渋皮煮とぎんなんの白玉粉揚げ

栗の渋皮煮(市販) …… 4個
ぎんなん(むき身、ゆでたもの)
　…… 8個
白玉粉 …… 大さじ2
酒 …… 大さじ1
塩 …… 少々
揚げ油 …… 適量

◎2人分

1 白玉粉は大きい粒を砕いてならす。
2 栗、ぎんなんに酒、塩をからめ、**1**をまぶす。
3 180℃の揚げ油に**2**を入れて2分ほど揚げ、塩少々(分量外)をふる。

=== MEMO ===
白玉粉の衣をつけると、ザクザクッモチッとしたあられっぽい食感になります。下味の塩は味つけ、酒は白玉粉をつきやすくする役目として。栗の渋皮煮の代わりに甘栗でもOK。

034
洋なしとグリーンオリーブのマリネ

洋なし …… 1/2 個
グリーンオリーブ …… 8～10個
A ┌ レモン汁 …… 小さじ2
　│ 塩 …… 小さじ 1/3
　└ オリーブ油 …… 大さじ1
粗びき黒こしょう …… 少々

◎2人分

1 洋なしは3cm角に切る。
2 ボウルに1、オリーブ、Aを入れてさっとあえる。器に盛り、粗びき黒こしょうをふる。

MEMO

ねっとり感と甘味のある洋なしに、コリッとした食感のオリーブを合わせ、食感と味わいにメリハリをつけます。洋なしの代わりに、ドライいちじくを使ってもおいしい。

035
ぶどうとしめさばの生春巻き

生春巻きの皮 …… 4枚
ぶどう …… 12粒
しめさば（市販）…… 3cm
ディル …… 4〜8枝
赤ワインビネガー …… 小さじ2
塩 …… 少々
オリーブ油 …… 適量
粗塩、粗びき黒こしょう …… 各少々
レモン（薄切り）…… 4枚

◎2人分

1 しめさばは7〜8mm厚さに切り、赤ワインビネガーをからめる。

2 生春巻きの皮を1枚ずつ水に濡らして少しやわらかくし、ディル、皮つきのままのぶどう、しめさばを1/4量ずつのせ、塩をふり、左右を折り、手前からくるくる巻く。

3 器に盛り、オリーブ油をかけ、粗塩、粗びき黒こしょうをふり、レモンを添える。

MEMO
赤ワインビネガーをからめて生臭みを取ったしめさばと甘酸っぱいぶどうのコンビ。多めのディルが2つを取り持ち、絶妙な味を醸し出します。お酒は微発泡の日本酒かな。

036
さばの酒粕みそ焼き

塩さば …… 3枚おろし1枚
酢 …… 適量
A ┌ 酒粕 …… 大さじ2
  └ みそ …… 大さじ1/2
白いりごま …… 少々

◎2人分

1. 塩さばは2cm幅に切り、表面に酢を塗り、魚焼きグリルで中まで火が通るまで焼く。

2. Aを混ぜて1にのせ、再び魚焼きグリルで2〜3分焼き、白ごまをふる。

=== MEMO ===

酒粕とみそを混ぜて、焼いた塩さばにのせて焼いただけ。香りがよく、甘味と辛味が利いている酒粕みそは、それだけをチビチビなめながらでもお酒が進みます。お酒は絶対、純米酒！

季節のおつまみ・冬

037
かぶの明太子あえ

かぶ …… 2個
かぶの葉 …… 1個分
明太子 …… 1/2腹
塩 …… 小さじ1/4
かんきつの果汁(ゆず、すだちなど)
　…… 小さじ1

◎2人分

1 かぶは縦半分に切り、5mm厚さに切り、葉は2cm長さに切る。共に塩をなじませて15分ほどおき、ペーパータオルで水けを拭く。

2 明太子は薄皮を除き、かんきつの果汁と合わせ、**1**を加えてさっとあえる。

MEMO

旬のかぶはジューシー！　白い実の部分と緑の葉の部分の両方を残さず使えば、彩りもきれい。明太子はかんきつをふりかけて生臭みを除き、うまみだけを残します。

038
ねぎの熱油がけ

長ねぎ …… 1本
酒 …… 小さじ2
太白ごま油 …… 大さじ2
一味唐辛子 …… 適量

◎2人分

1. 長ねぎは斜め薄切りにし、水に5分ほどさらして水けをしっかりきる。
2. 1に酒をさっとからめ、器に盛る。
3. 小鍋にごま油を入れて煙が出るまで熱し、2に回しかけ、一味唐辛子をふる。

MEMO
ねぎはできたらサラダスピナーでしっかり水けをきりましょう。仕上げにアツアツに熱したごま油をジャッ！とかけると、いい香りが立ちます。冷ややっこにのせてもおいしい。

039
春菊とベーコンのクロスティーニ

春菊 …… 1/2束（100g）
ベーコン …… 40g
にんにく（みじん切り）…… 1かけ
オリーブ油 …… 小さじ2
A ┌ ディジョンマスタード* …… 小さじ2
  └ 塩、粗びき黒こしょう …… 各少々
バケット …… 適量
＊フランスのディジョン地方のまろやかなマスタード

◎2人分

1 春菊は塩（分量外）を入れた熱湯で1分30秒ほどゆで、冷水にとって水けを絞り、1cm長さに切る。ベーコンは細切りにする。

2 フライパンにオリーブ油、にんにくを入れ、弱火で炒める。香りが出たら1を加え、中火でしんなりとするまで炒める。

3 Aを加えて調味し、カリッと焼いたバケットにのせる。

=== MEMO ===
ベーコンの脂が春菊の苦味をほどよく包み込んでくれるので、全体にまとうように細かく切るのポイントです。マスタードの酸味もおいしさの秘密。

040
小松菜のジョン

小松菜 ····· 1/2束(100g)
薄力粉 ····· 大さじ3
塩 ····· 少々
ごま油 ····· 大さじ3
A ┌ 黒酢、しょうゆ
　└ 　　　····· 各小さじ2
粗びき唐辛子 ····· 適量

◎2人分

1 小松菜は長さ3等分に切り、ボウルに入れて薄力粉、塩をまぶし、水大さじ2〜3(分量外)を加えて全体にからめる。

2 フライパンにごま油を熱し、**1**を平らに入れ、ヘラで押さえながら両面に焼き目がつくまで返しながら中火で焼く。

3 食べやすく切って器に盛り、**A**をかけ、粗びき唐辛子をふる。

=== MEMO ===
ジョンは韓国のお好み焼き。「チヂミ」との呼び名は、南部の方言だとか。軽い仕上がりにしたいので、粉を薄くまとわせます。野菜はズッキーニやにら、細ねぎでも。

041
金柑とせりのマリネ

金柑 …… 4個
せり …… 30g
塩 …… 小さじ 1/3
白ワインビネガー …… 小さじ1
オリーブ油 …… 大さじ1

◎ 2人分

1 金柑は皮つきのまま薄く切り、種を除く。せりは根元を落とし(**042**の料理で使うのでとっておく)、食べやすい長さに切る。

2 1を塩、白ワインビネガー、オリーブ油を順に加え、そのつどさっと混ぜる。

=== MEMO ===

甘酸っぱくてほんのり苦味のある金柑と、サクサク感と強い香りのあるせり。どちらの個性も生かしたいので、調味料は極力シンプルにしました。金柑は極薄く切るのがポイント。

042
せりの根っことライスペーパー揚げ

せりの根元 …… 5〜6本
ライスペーパー …… 1〜2枚
揚げ油、塩 …… 各適量

◎2人分

1 せりの根元はタワシなどでよく洗って汚れを除き、水けをよく拭く。

2 180℃の揚げ油に**1**を入れ、2〜3分軽く色づくまで揚げ、取り出す。

3 揚げ油の温度を200〜210℃に上げ、ライスペーパーを食べやすい大きさにちぎって入れ、膨らんできてから1分ほど揚げ、取り出す。器に**2**と盛り合わせ、塩をふる。

=== MEMO ===
残っていたライスペーパーを揚げたら、えびせんのようなシャクシャクとした食感の軽いスナックが完成しました。捨ててしまいがちなせりの根っこも一緒に揚げましょう。

043
ブロッコリーのパン粉がけ

ブロッコリー …… 1/3 個（150g）
パン粉 …… 大さじ1
オリーブ油 …… 小さじ1
A ┃ パルミジャーノ・レッジャーノ
　┃ 　…… 大さじ1/2
　┃ ドライハーブ …… 小さじ2/3
　┃ ガーリックパウダー …… 小さじ1/3
　┃ 塩 …… 少々

◎2人分

1 ブロッコリーは塩少々（分量外）を入れた熱湯で2分30秒ほどゆで、ざるに上げる。

2 フライパンにオリーブ油を熱し、パン粉を入れて軽く色づくまで中火で炒め、火を止めてAを加えて混ぜる。

3 器に1を盛り、2をかける。

MEMO

ゆでたブロッコリーにチーズとハーブの風味を利かせたカリカリのパン粉を合わせ、おつまみに格上げ！　ガーリックでパンチとうまみをつけると、さらに後を引きます。

044
カリフラワーとりんごの春巻き

春巻きの皮 …… 6枚
カリフラワー …… 150g
りんご …… 150g
カマンベールチーズ …… 45g

水溶き小麦粉
 薄力粉 …… 小さじ2
 水 …… 小さじ2

揚げ油 …… 適量
塩、粗びき黒こしょう …… 各少々

◎6本分

1 カリフラワーは小房に分け、5mm厚さに切る。りんごは芯を除き、5mm厚さに切る。カマンベールは5等分に切る。

2 春巻きの皮にカリフラワー、りんごをのせて塩少々（分量外）をふり、チーズをのせて包み、縁に水溶き小麦粉をつけて留める。

3 180℃の揚げ油に**2**を入れ、返しながらきつね色になるまで揚げる。器に盛り、塩、粗びき黒こしょうをふる。

MEMO
甘酸っぱいりんごととろりと濃厚なチーズは相性バツグンの組み合わせ。カリフラワーでコリコリ食感をプラスします。揚げ油は1.5cmほどの高さくらいあればOK。

045
白菜と油揚げのしっとり煮

白菜 …… 1/10個
油揚げ …… 1枚
A [だし …… 1/2カップ
    酒、みりん …… 各大さじ1]
B [しょうゆ …… 小さじ2
    塩 …… 小さじ1/4]

◎2人分

1 白菜は根元と葉先に分け、それぞれそぎ切りにする。油揚げは熱湯をかけて油抜きし、三角形に切る。

2 鍋にA、白菜の根元、油揚げを入れて中火にかけ、煮立ったらBを加え、蓋をして弱火で5分煮る。

3 白菜の葉先を加え、さらに2～3分煮る。

MEMO

油揚げを一口頬張ると、じゅわーっとだしのおいしさが広がります。油揚げは、少し手間でも油抜きしておくと、すっきりとしたおいしさに。白菜は根元と葉先を分けて煮ます。

046
半干し大根の豆鼓(トウチ)炒め

大根 …… 150g
細ねぎ …… 1本
豆鼓(粗く刻む) …… 大さじ1
にんにく(みじん切り) …… 1かけ
ごま油 …… 小さじ2
酒 …… 大さじ1

◎2人分

1 大根は7〜8mm厚さの半月切りにし、ざるに並べて3〜4時間天日で干す。細ねぎは斜めに切る。

2 フライパンにごま油、にんにく、豆鼓を入れ、弱火で炒める。香りが出たら大根を入れ、酒を加えて汁けがなくなるまで3〜4分中火で炒める。仕上げに細ねぎを加え、さっと炒める。

=== MEMO ===
半干しにした大根はコリコリと食感がよく、甘味も出てきます。豆鼓でパンチのある味つけにすると、おつまみに最適。紹興酒や焼酎、ビールと一緒にどうぞ。

冬

047
ほうれん草とちくわのゆずこしょうあえ

ほうれん草 …… 1/2束(100g)
ちくわ …… 2本
A [ゆずこしょう …… 小さじ1
    ごま油 …… 小さじ1]
白いりごま …… 少々

◎2人分

1　ほうれん草は塩少々(分量外)を入れた熱湯で2分ほどゆで、冷水にとって水けを絞り、4cm長さに切る。ちくわは5mm幅の斜め切りにする。

2　ボウルにAを入れて混ぜ、1、白ごまを加え、あえる。

MEMO

ほうれん草のあえものにちくわを合わせ、手軽にボリュームアップ！　味つけは、ゆずこしょうとごま油でシンプルに。キリッとしたさわやかな辛味が後を引きます。

048
かきの白みそソテー

かき …… 6個
A ┌ バター …… 10g
  └ オリーブ油 …… 小さじ2
B ┌ 酒 …… 大さじ1
  └ 白みそ …… 大さじ2
しょうゆ …… 小さじ1
ゆずの皮（あれば）…… 適量

◎2人分

1 かきは塩水（水1ℓに対し塩小さじ1）でやさしく洗い、水を2〜3回替えて洗い、水けを拭く。

2 フライパンに**A**を入れて中火にかけ、バターが溶けたら**1**を入れ、焼き目がつくまで両面を焼く。

3 **B**を加えて煮立てながらからめ、しょうゆを加える。器に盛り、ゆずの皮を削ってかける。

===== MEMO =====

相性バツグンのかきとみそ。かきには塩味があるので、甘味のある白みそを合わせ、味のバランスをとります。あれば、ゆずの皮を散らすとさわやかで上品なおいしさに。

049
たらのフリット

生たら …… 2切れ(160g)
衣
　薄力粉 …… 大さじ2
　ベーキングパウダー
　　　　…… 小さじ1/4
　炭酸水 …… 大さじ2
揚げ油、カレー粉 …… 各適量

◎2人分

1 たらは皮と骨を取り除き、塩小さじ1/3（分量外）をふって15分おく。水けを拭き取り、3〜4等分に切って薄力粉少々（分量外）をまぶす。

2 ボウルに衣の薄力粉、ベーキングパウダーを入れて混ぜ、炭酸水を加えてさっと混ぜる。

3 1に2をからめ、200℃の揚げ油に入れ、表面がカリッとするまで揚げる。器に盛り、カレー粉をふる。

=== MEMO ===
カリカリ衣と中から登場する、ふっくらやわらかな魚のコントラストがおいしさ。魚の味わいをアップさせるために、下ごしらえは丁寧にしてください。魚はさけやさわらでも。

050
ぶりとディルのマリネ

ぶり(刺し身用) …… 100g
ディル(粗く刻む) …… 2枝
塩 …… 小さじ1/4
A [レモン(半月切り) …… 6枚
    練りわさび、塩 …… 各小さじ1/3
    赤ワインビネガー …… 小さじ2
    オリーブ油 …… 大さじ1]
粗びき黒こしょう …… 少々

◎2人分

1 ぶりは塩をふって30分おき、水けをよく拭いて1cm厚さに切る。

2 Aを混ぜ、ディルを加えてあえ、1を加えてさっとあえる。器に盛り、粗びき黒こしょうをふる。

=== MEMO ===
冬ならぶりがおいしいですが、夏ならかつお(刺し身用)を使っても。脂がのった刺し身とレモンやディルの相性はバツグンです。仕上げの黒こしょうで全体を引き締めます。

いつものおつまみ・豆製品

051
豆腐ディップ カリカリバゲットのせ

木綿豆腐 …… 1/3丁(100g)
A ┃ クリームチーズ …… 100g
 ┃ 玉ねぎ(みじん切り) …… 1/4個
 ┃ にんにく(すりおろす) …… 1/2かけ
 ┃ ドライハーブ …… 小さじ1と1/2
 ┃ 塩 …… 小さじ2/3
 ┃ オリーブ油 …… 大さじ1
バゲット、粗びき黒こしょう、
　オリーブ油 …… 各適量

◎2人分

1 豆腐はペーパータオルで包み、電子レンジで2分30秒加熱する。

2 ボウルに**1**を入れてよくつぶし、温かいうちに**A**を加えてさらに混ぜ、冷蔵庫で冷やす。

3 バゲットをカリッと焼き、**2**をのせ、粗びき黒こしょう、オリーブ油をかける。

MEMO

口当たりも軽いディップはいくらでも食べてしまいそう。料理のポイントは豆腐をしっかり水きりすること。バゲットの代わりに**042**のライスペーパー揚げにのせてもおいしい。

052
豆腐のシュウマイ

シュウマイの皮 …… 8枚
木綿豆腐 …… 1/3丁（100g）
A [
　豚ひき肉 …… 100g
　玉ねぎ（粗みじん切り）
　　…… 1/2個（100g）
　片栗粉 …… 大さじ1
　酒、しょうゆ …… 各小さじ1
　塩 …… 小さじ1/3
]

◎8個分

1 豆腐は粗くくずしてペーパータオルで包み、電子レンジで4分加熱し、水けを拭いて粗熱をとる。

2 ボウルに**1**、**A**を入れ、よく練り混ぜる。

3 シュウマイの皮に**2**を8等分ずつ包み、蒸気の上がった蒸し器に入れ、強火で12分蒸す。好みで練りがらしをつけて。

=== MEMO ===
ひき肉と同量の豆腐を加えたシュウマイです。クリーミーな豆腐に、粗めに切った玉ねぎのシャキ感がアクセント。豚ひき肉の代わりにホタテの缶詰を入れるのもおすすめです。

053
ふっくら蒸し豆腐

おぼろ豆腐 …… 200g
昆布（表面を拭く）…… 4㎝角1枚
酒 …… 1/4カップ
塩 …… 小さじ1/3
細ねぎ（小口切り）…… 1本
青じそ …… 4枚
黒いりごま …… 少々

◎2人分

1 豆腐は軽く水きりする。

2 耐熱皿に昆布を敷き、**1**をのせ、酒、塩をふり、蒸気の上がった蒸し器に入れ、強火で8分蒸す。

3 細ねぎをのせ、青じそをちぎってのせ、黒ごまをふる。

=== MEMO ===

豆腐は蒸すと味がぎゅっと凝縮され、ふっくらとおいしくなります。薬味は2種類以上を混ぜてのせて。三つ葉や貝割れ菜、香菜、みょうがなども合います。

054
揚げだし豆腐

木綿豆腐 …… 1丁(300g)
A ┌ 大根おろし …… 50g
  │ だし …… 1カップ
  │ 酒、みりん、しょうゆ
  │   …… 各大さじ1
  └ 塩 …… 小さじ1/4
塩 …… 少々
片栗粉 …… 大さじ2
揚げ油 …… 適量
三つ葉(ざく切り) …… 1/2把

◎2人分

1 豆腐はペーパータオルで包み、電子レンジで5分加熱し、水けを拭いて粗熱をとる。

2 小鍋にAを入れて中火にかけ、煮立ったらアクを除いて火を止める。

3 1に塩をなじませ、片栗粉をまぶして180℃の揚げ油に入れ、表面が軽く色づくまで2分ほど揚げる。油をきって器に盛り、2をかけ、三つ葉をのせる。

=== MEMO ===
揚げた豆腐の衣にだしが染み込んだ、居酒屋の定番メニュー。少し手間はかかりますが、やはりお酒に合いますねー。豆腐の水きりは、倍の重しをして1時間おいてもOK。

055
厚切り油揚げのカリカリ焼き たっぷり九条ねぎがけ

油揚げ（できれば厚切り）
　…… 大1枚（60g）
九条ねぎ …… 2本
A ┏ しょうゆ …… 大さじ1
　┃ 練りがらし …… 小さじ 2/3
　┗ 白いりごま …… 少々

◎2人分

1 九条ねぎは斜め薄切りにし、水に5分さらして水けを拭く。

2 油揚げは表面の油を拭き、フライパンで両面に焼き目がつくまで焼き、三角形に切る。

3 Aを混ぜ合わせ、1、2をあえる。

MEMO

油揚げをカリカリに焼いて、九条ねぎをたっぷり合わせるだけ。素材のおいしさをいかした料理なので、ぜひ厚めの油揚げで作ってください。和がらしの辛味を利かせて！

056
しっとり卯の花

おから …… 200g
生しいたけ(かさと軸を薄切り) …… 2枚
にんじん(細切り) …… 1/2本(70g)
絹さや(**MEMO**参照) …… 6枚
しょうが(すりおろす) …… 1かけ
A ┌ だし …… 1と1/2カップ
　　 │ みりん …… 大さじ2
　　 └ 酒 …… 大さじ1
B ┌ しょうゆ …… 大さじ1
　　 └ 塩 …… 小さじ1/3

◎作りやすい分量

1 鍋におからを入れて中火で熱し、木ベラで焦がさないようにパラパラになるまで炒め、取り出す。

2 1の鍋にしいたけ、にんじん、**A**、しょうがを入れて中火にかけ、煮立ったら**B**を加え、蓋をして5分煮る。

3 1を加え、混ぜながら煮て、汁けがほぼなくなったら絹さやを加える。

MEMO

おからをしっとり煮るコツは、煮過ぎないこと。汁けはほんの少し残るくらいに煮ます。彩りの絹さやは筋をとってから塩ゆでし、細切りにして仕上げに加えます。

057
干し豆腐のラー油あえ

干し豆腐 …… 100g
しょうが(せん切り) …… 1かけ
香菜(ざく切り) …… 30g
A ┌ 黒酢、しょうゆ …… 各大さじ1
  │ ラー油 …… 小さじ1
  └ 白いりごま …… 少々

◎2人分

1. 熱湯に干し豆腐を入れ、再び煮立ったらざるに上げ、水けを拭く。
2. ボウルに**1**、しょうが、**A**を加えて混ぜ、香菜を加えてさっと混ぜる。

=== MEMO ===

独特の食感と豆腐のおいしさがぎゅっと凝縮されたような干し豆腐。使い勝手がよく、あえものなどに最適です。ラー油としょうがで辛味を利かせるのがポイント。

058
厚揚げのピーナッツじょうゆがけ

厚揚げ …… 1枚(150g)
ピーナッツ(粗く刻む) …… 30g

A
- しょうが(すりおろす) …… 1かけ
- にんにく(すりおろす) …… 1かけ
- 八角 …… 1個
- しょうゆ、みりん …… 各大さじ1
- 黒酢 …… 大さじ1/2
- ごま油 …… 小さじ1

◎2人分

1 厚揚げは熱湯に入れ、煮立ってから2分ほどゆで、ざるに上げて水けを拭き、8等分に切る。

2 小鍋にA、ピーナッツを入れ、弱めの中火にかけ、煮立ったら火を止める。

3 器に**1**を盛り、**2**をかける。

MEMO

厚揚げをゆでてやさしく仕上げ、ピーナッツ入りの甘辛だれをたっぷりかけます。八角の甘くスパイシーな香りで、おもいっきり異国テイスト。軽めのビールに合いそう。

いつものおつまみ・卵

059
半熟卵の五香粉漬け
（ウー シャンフェン）

卵 …… 4個

A
- にんにく（つぶす）…… 1かけ
- しょうゆ …… 大さじ2
- みりん、黒酢 …… 各大さじ1
- 五香粉 …… 小さじ1/2

◎4個分

1 卵は塩少々（分量外）を入れた熱湯で7分ゆで、冷水にとって殻をむき、水けを拭く。

2 ポリ袋にAを入れて混ぜ、1を加えて最低30分漬ける。

=== MEMO ===

五香粉や黒酢の味を染み込ませた、台湾風の味卵です。そのまま食べてもいいし、野菜とあえてもいいし、ラーメンなどにのせてもいい、とっても便利な保存食。

060
ゆで卵とケイパーアンチョビーのサラダ

固ゆで卵 …… 3個
ケイパー（塩漬け）…… 8g
アンチョビーフィレ（みじん切り）
　…… 2枚
粗びき黒こしょう …… 少々
オリーブ油 …… 大さじ1
レモンの皮 …… 少々
バゲット …… 適量

◎2人分

1 ケイパーはさっと洗い、かぶるくらいの水に10分浸して水けを拭き、粗く刻む。ゆで卵はざく切りにする。

2 ボウルに**1**、アンチョビー、粗びき黒こしょう、オリーブ油を入れ、あえる。器に盛り、レモンの皮を削りかける。バゲットを添えて。

MEMO
ゆで卵はケイパーやアンチョビーなどで塩けやうまみを加えると、一気におつまみに変身します。レモンの皮を削りかけ、さわやかな香りをプラス。

061
干しえびと香菜の卵焼き

卵 …… 2個
干しえび …… 10g
香菜(1cm長さに切る) …… 30g
A ┌ 紹興酒 …… 小さじ2
  └ しょうゆ …… 小さじ1
ごま油 …… 大さじ1
粗びき赤唐辛子 …… 少々

◎2人分

1 干しえびはさっと洗い、熱湯大さじ2に15分浸し、粗く刻む。もどし汁はとっておく。

2 ボウルに卵を溶きほぐし、香菜、**1**の干しえび、もどし汁、**A**を加え、混ぜる。

3 フライパンにごま油を熱し、**2**を流し入れて混ぜ、半熟状になったら返し、両面に焼き目がつくまで焼く。器に盛り、粗びき赤唐辛子をふる。

=== MEMO ===
香りの強い香菜をこんなに!?と思うほど加えたエスニック風の卵焼きです。干しえびのコリコリ食感も楽しく、干しえびのもどし汁を加えると、うまみもバッチリ。

062
揚げ焼き卵とトマトのソテー

卵 …… 2個
トマト …… 1個
にんにく（みじん切り）…… 1かけ
クミンシード …… 小さじ1強
オリーブ油 …… 小さじ2
塩 …… 小さじ1/2

◎2人分

1 トマトは横半分に切る。

2 フライパンにオリーブ油を入れ、卵を割り落とし、両面に焼き色がつくまで焼き、器に盛る。

3 2のフライパンににんにく、クミンシードを入れて弱火にかけ、香りが出たらトマトを入れ、両面に焼き目がつくまで焼いて2にのせ、塩をふる。

MEMO

こんがりと焼いて甘味を増したトマト。表面をカリッと香ばしく焼いた卵。クミンとにんにくの香りが加わると、シンプルな2つがお酒の進むメニューになります。

063
うずらのナンプラー漬け

うずら卵(ゆでたもの) …… 8個
レモン(半月薄切り) …… 2枚
A ┃ ナンプラー …… 大さじ1
  ┃ 酢 …… 大さじ½
  ┃ 砂糖 …… 小さじ1

◎作りやすい分量

1 ポリ袋にAを入れて混ぜ、うずら卵、レモンを加え、最低30分漬ける。

=== MEMO ===

エスニック風のうずら卵の味卵です。ナンプラーと好相性のレモンを加えて酸味と香りを、ほんの少しの砂糖でまろやかさを出します。作っておくと便利なお通し風おつまみ。

064
ピータンの香菜あえ

ピータン …… 1個
香菜 …… 20g
A ┌ 花椒パウダー（または粉山椒）
  │   …… 小さじ 1/2
  │ 塩 …… 小さじ 1/3
  └ ごま油 …… 小さじ2
しょうが（せん切り）…… 1かけ

◎2人分

1. 香菜は1cm長さに切る。ピータンはざく切りにする。
2. ボウルに1、Aを入れ、あえる。器に盛り、しょうがをのせる。

=== MEMO ===

まったりとしたおいしさのピータンは、ざくざくと刻んだ香菜、せん切りしょうがを合わせると、俄然食べやすくなります。山椒のしびれるような香りと風味でランクアップ。

いつものおつまみ・人気素材

065
豆もやしとしょうがのナムル

豆もやし —— 1袋(200g)
A ┌ しょうが(すりおろす) —— 1かけ
  │ にんにく(すりおろす) —— 1かけ
  └ 塩 —— 小さじ2/3
ごま油 —— 小さじ2
黒いりごま —— 少々

◎2人分

1 豆もやしはひげ根を取る。耐熱皿に入れ、ラップをふんわりとかけて電子レンジで2分30秒加熱し、水けをペーパータオルで拭く。

2 ボウルに**1**、**A**を入れてなじませ、ごま油を加えてさっと混ぜる。器に盛り、黒ごまをふる。

MEMO

もやしは面倒でもひげ根を取ると、舌触りがぐんとよくなります。

066
もやしと紅しょうがの天ぷら

もやし —— 1/2袋(100g)
紅しょうが —— 20g
青のり —— 小さじ1
薄力粉 —— 大さじ3
冷水 —— 大さじ3
揚げ油 —— 適量

◎2人分

1 もやしはひげ根を取る。紅しょうがは汁けをきる。

2 ボウルに**1**、青のりを入れて混ぜ、薄力粉を加えて全体にまぶし、冷水を加えて混ぜる。

3 180℃の揚げ油に、**2**の適量を菜箸でつまんで入れ、表面がカリッとするまで2〜3分揚げる。

MEMO

もやしは水分が多いので、先に粉をまぶしてから水を加えるのがコツです。

067
アボカドの白みそわさびマヨ焼き

アボカド …… 1個
A ┌ 白みそ …… 大さじ2
  │ マヨネーズ …… 大さじ1
  │ 練りわさび、しょうゆ
  └ …… 各小さじ1
白いりごま …… 少々

◎2人分

1. アボカドは皮つきのまま縦半分に切り、種を取り除く。
2. **A**を混ぜ合わせ、**1**の表面に塗り、オーブントースターで焼き目がつくまで7〜8分焼く。白ごまをふる。

=== MEMO ===
アボカドと相性のいい調味料をのせて焼くだけ。焼けたみその香りが食欲をそそります。

068
アボカドとかつお節のレモン塩あえ

アボカド …… 1個
細ねぎ(小口切り) …… 2本
A ┌ レモン汁 …… 小さじ2
  │ 塩 …… 小さじ1/2
  └ ごま油 …… 小さじ2
削り節 …… 5g

◎2人分

1. アボカドは皮と種を取り除き、2cm角に切る。
2. **1**に**A**を加えてあえ、細ねぎ、削り節を加え、さっとあえる。

=== MEMO ===
たっぷりまぶした削り節が味出しになるので、味つけはレモン汁と塩、ごま油だけでOK。

069
枝豆の紹興酒漬け

枝豆(ゆでたもの) …… 100g
A ┃ にんにく(つぶす) …… 1かけ
  ┃ しょうが(皮つき薄切り)
  ┃   …… 1/2かけ
  ┃ 紹興酒 …… 大さじ3
  ┃ しょうゆ …… 大さじ1
  ┃ 塩 …… 小さじ1/4

◎作りやすい分量

1 枝豆は表面の水けを拭く。

2 小鍋に **A** を入れて中火にかけ、煮立ったら火を止め、熱いうちに **1** を入れ、最低1時間漬ける。

=== MEMO ===
紹興酒の香りににんにくとしょうがでパンチをつけた、酒に合う漬けだれに枝豆を漬けて。

070
枝豆のチリガーリックまぶし

枝豆(ゆでたもの) …… 100g
オリーブ油 …… 小さじ2
A ┃ 塩 …… 小さじ1/3
  ┃ ガーリックペッパー
  ┃   …… 小さじ1/2
  ┃ チリペッパー …… 小さじ1/3

◎作りやすい分量

1 枝豆は表面の水けを拭き、オリーブ油をからめる。

2 **1** に **A** を加え、全体になじませる。

=== MEMO ===
チリ&ガーリックが後を引きます。軽めのビールやレモンサワーと一緒に。

071
たらこの干し大根あえ

大根 …… 150g
たらこ …… 1/2腹
A ┌ 七味唐辛子 …… 小さじ1/3
  └ ごま油 …… 小さじ2
細ねぎ(小口切り) …… 少々

◎2人分

1 大根は5mm厚さの半月切りにし、ざるに並べて3〜4時間風通しのよい場所で干す。

2 たらこは薄皮を除く。ボウルに入れ、Aを加えて混ぜ、1をあえる。器に盛り、細ねぎをかける。

=== MEMO ===
たらこは味が決まりやすい、便利素材。干した大根を立派なつまみにしてくれます。

072
切り干し大根のアンチョビーパセリマリネ

切り干し大根 …… 40g
A ┌ アンチョビーフィレ(みじん切り)
  │   …… 3枚
  │ パセリ(みじん切り) …… 大さじ1
  │ 白ワインビネガー …… 大さじ1
  └ オリーブ油 …… 大さじ1
粗びき黒こしょう …… 少々

◎2人分

1 切り干し大根はさっと洗い、かぶるくらいの水に6分浸して水けを絞り、食べやすい長さに切る。

2 ボウルにAを入れてよく混ぜる。

3 2に1を加えて混ぜる。器に盛り、粗びき黒こしょうをふる。

=== MEMO ===
歯ごたえのいい切り干しはサラダやマリネに。アンチョビーとも意外なほど合います。

いつものおつまみ・魚介

073
まぐろと松の実のごま油あえ

まぐろ（刺し身用）…… 100g
松の実 …… 大さじ1
A ┌ 塩 …… 小さじ 1/3
  └ ごま油 …… 小さじ2
韓国のり …… 適量

◎2人分

1 まぐろは表面の水けを拭き、2cm角に切る。松の実はフライパンに入れ、弱めの中火で表面が温まるまで軽く煎る。

2 ボウルに**1**、**A**を入れ、あえる。器に盛り、韓国のりを軽くもんでのせる。

=== MEMO ===
わさびじょうゆで食べるのもいいですが、韓国風の味つけもおいしいまぐろの刺し身。乾煎りした松の実のカリカリ感が、まぐろのまったりとした食感を引き立てます。

074
スモークサーモンのタルタル

スモークサーモン …… 80g
紫玉ねぎ …… 1/4個
ケイパー …… 5g
A ┌ レモン汁 …… 小さじ2
  │ 塩 …… 少々
  └ オリーブ油 …… 大さじ1
パセリ（みじん切り）…… 適量
粗びき黒こしょう …… 少々

◎2人分

1 紫玉ねぎはみじん切りにし、水に3分さらして水けを拭く。スモークサーモンは粗くたたく。ケイパーは粗く刻む。

2 ボウルに1、Aを加えてあえる。器に盛り、パセリ、粗びき黒こしょうをふる。

=== MEMO ===
スモークサーモンの燻製香が全体を包み込みます。そこに紫玉ねぎのシャキシャキ感、ケイパーの酸味が加わると、いろいろな食感と味わいで口の中が楽しくなります。

075
ほたての山椒オイル

ほたて(刺し身用) …… 4～5個
A ┌ 実山椒(水煮) …… 10g
  └ 酒、オリーブ油 …… 各大さじ1
薄口しょうゆ …… 小さじ1

◎2人分

1 実山椒は粗く刻み、残りの**A**と混ぜる。

2 ほたては酒少々(分量外)を入れた熱湯にさっと通し、表面が白くなったら氷水につけて水けを拭く。

3 **2**を2等分のそぎ切りにし、薄口しょうゆをからめる。器に盛り、**1**をかける。

=== MEMO ===

ほたてはさっとゆでて半生状にすると、生とも加熱したのとも違う独特の食感になります。スーッとしたさわやかな辛味の実山椒を合わせたら、ちょっとおしゃれな一品に。

076
えびと絹さやのうま煮

えび …… 4尾
絹さや（筋を取る）…… 8枚
だし …… 1/2カップ
酒 …… 大さじ1
A ┃ みりん …… 大さじ2
　┃ 薄口しょうゆ …… 小さじ2
　┃ しょうがのしぼり汁
　┃ 　…… 1かけ

◎2人分

1 えびは背ワタを取り、塩少々（分量外）でもみ洗いし、流水で洗って水けを拭く。

2 鍋にだし、酒を入れて中火にかけ、煮立ったら1を入れ、表面の色が変わったら取り出して殻と尾を除く。

3 2のだしにA、2のえび、絹さやを入れて弱めの中火にかけ、煮立ったら弱火にして蓋をして2分煮る。

MEMO

目にも鮮やかなえびと絹さやの煮物。この料理のキモは煮汁の作り方です。酒入りのだしでえびを殻つきのままさっとゆで、殻から出るえびのうまみをだしに移します。

077
サーモン親子のおろしあえ

サーモン（刺し身用）…… 100g
いくらの塩漬け …… 20g
青じそ（せん切り）…… 3枚
大根おろし …… 100g
レモン汁、薄口しょうゆ
　…… 各小さじ1

◎2人分

1　サーモンは表面の水けをよく拭き、2cm角に切る。

2　ボウルに1、青じそ、大根おろし、レモン汁、薄口しょうゆを入れてあえ、いくらの塩漬けを加えてさっとあえる。

===== MEMO =====

サーモンといくらは親子だけあって、間違いなしの相性です。ねっとり感が身上のサーモンにおろしとレモン汁でさっぱり感を足すとおいしさアップ。青じその代わりに三つ葉でも。

078
小魚のフライ

小魚（しこいわしなど）…… 8尾　　塩 …… 少々

A
- マヨネーズ …… 大さじ2
- レモン汁 …… 小さじ1/2
- パセリ（みじん切り）、タバスコ …… 各少々

衣
- 薄力粉 …… 大さじ1と1/2
- 溶き卵 …… 1個分
- パン粉 …… 大さじ5

揚げ油 …… 適量

◎2人分

1 小魚は表面の水けを拭き、塩をふる。

2 **A**を混ぜ合わせる。

3 **1**に薄力粉、溶き卵、パン粉の順に衣をつけ、180℃の揚げ油に入れ、きつね色になるまで揚げる。**2**を添える。

MEMO

ここではしこいわしを使いましたが、豆あじやきびなごなど、丸ごと食べられる小魚ならなんでもOKです。ピリッと辛味の利いたソースをつけて、手づかみで頭からどうぞ！

魚介

079
焼きししゃもの南蛮漬け

ししゃも……6〜8尾
赤パプリカ（細切り）……1/4個
長ねぎ（白髪ねぎにする）……適量
A ┃ 赤唐辛子（小口切り）……1/2本
　┃ 酒、みりん、しょうゆ
　┃ 　……各大さじ2
　┃ 酢……大さじ1

◎2人分

1 ししゃもは表面の水けを拭く。

2 フライパンにオーブンシートを敷き、**1**をのせ、弱めの中火で両面に焼き目がつくまで焼く。蓋をして3分蒸し焼きにする。

3 小鍋に**A**を入れて中火にかけ、煮立ったら火を止め、パプリカ、長ねぎを加えてなじませ、**2**を加えて漬ける。漬けてすぐからおいしい。

MEMO
魚を揚げずに焼く、手軽な南蛮漬けです。しかも、オーブンシートを敷いたフライパンで焼けば、フライパンが汚れず後片付けもラク。白髪ねぎをたっぷり合わせていただきます。

080
オイルサーディンとじゃがいものマリネ

オイルサーディン …… 1缶(110g)
じゃがいも …… 2個(300g)

A
- パセリ(みじん切り) …… 大さじ1
- にんにく(すりおろす) …… 少々
- ディジョンマスタード*、
  赤ワインビネガー …… 各小さじ2
- 塩 …… 小さじ1/3
- オリーブ油 …… 大さじ1〜2

粗びき黒こしょう …… 少々

* フランスのディジョン地方のまろやかなマスタード

◎2人分

1 オイルサーディンは汁けをきる。じゃがいもは細切りにし、塩少々(分量外)を入れた熱湯で1分30秒ゆで、ざるに上げて水けをしっかりと拭く。

2 ボウルにA、オイルサーディンを入れてさっと混ぜ、じゃがいもを加えてさらにあえる。器に盛り、粗びき黒こしょうをふる。

=== MEMO ===
オイルサーディンのおいしさもさることながら、せん切りでさっとゆでたじゃがいものおいしいこと！　酸味を利かせたドレッシングであえるといくらでも食べられます。

081
さば缶のキムチあえ

さば缶 …… 1缶(170g)
長ねぎ …… 1/4本
キムチ(粗く刻む) …… 25g
しょうゆ …… 小さじ1/2
ごま油 …… 小さじ2
えごまの葉 …… 適量
白いりごま …… 少々

◎2人分

1 さば缶は汁けをきる。長ねぎは斜め薄切りにし、水に5分さらして水けを拭く。

2 ボウルにキムチと**1**を入れてあえ、しょうゆ、ごま油を加えてさっと混ぜる。えごまの葉を敷いた器にのせ、白ごまをふる。

MEMO

不飽和脂肪酸のDHA(ドコサヘキサエン酸)、EPA(エイコサペンタエン酸)を豊富に含むことからも、大人気のさば缶。おつまみにするなら、キムチを合わせ、辛味を利かせて。

082
ツナとたくあんのあえ物

ツナ缶 …… 小1缶(70g)
たくあん …… 25g
黒酢、ごま油 …… 各小さじ1
七味唐辛子 …… 少々
青じそ …… 2枚

◎2人分

1 ツナ缶は汁けをきる。たくあんは粗く刻む。
2 ボウルに1、青じそ以外の材料を入れてあえる。器に盛り、青じそをちぎってのせる。

MEMO

常備素材のツナ缶は、たくあんを合わせておつまみ仕様に。たくあんのコリコリ感がアクセントになるので、大きめに切るのがコツ。青じその爽快感をプラスし、混ぜて食べます。

いつものおつまみ・肉

083
カリッとチキンのビネガーがけ

鶏胸肉 …… 1枚(200g)
A ┌ にんにく(すりおろす) …… 1かけ
  └ 塩 …… 小さじ1/2
薄力粉 …… 小さじ1
B ┌ 薄力粉 …… 大さじ2
  └ 水 …… 大さじ2と1/2
揚げ油 …… 適量
赤ワインビネガー …… 適量
パセリ(みじん切り)、カレー粉 …… 各適量

◎2人分

1 鶏肉は一口大の削ぎ切りにし、**A**をもみ込み、薄力粉を薄くまぶす。

2 **B**を混ぜ合わせ、**1**にからめ、180℃の揚げ油に入れ、カリッとするまで揚げる。

3 器に盛り、赤ワインビネガーをたっぷりとかけ、パセリとカレー粉をふる。

MEMO

カリッと揚がった揚げ物にビネガーをたっぷりかけるのは、フィッシュアンドチップスからのアイデア。ビネガーの酸味が味を引き締め、揚げ物を食べる罪悪感も軽減されます。

084
チキンピックル

鶏もも肉 …… 200g
オリーブ油 …… 大さじ2

A
- にんにく(みじん切り) …… 1かけ
- しょうが(みじん切り) …… 1かけ
- コリアンダーシード、クミンシード …… 各小さじ1
- ローリエ …… 1枚
- シナモンスティック …… 1本
- 粗びき黒こしょう …… 少々

塩 …… 小さじ1/2　　レモン汁 …… 大さじ1

◎2人分

1 鶏肉は表面の水けを拭き、2cm角に切り、塩少々(分量外)をふる。

2 フライパンにオリーブ油、Aを入れ、弱火で炒める。

3 香りが出てきたら1を加え、全体に軽く焼き色がつくまで炒める。塩を加え、蓋をして弱めの中火で2分ほど蒸し焼きにしてしっかりと火を通し、レモン汁を加える。

MEMO
ピックルはインドの保存食。スパイスたっぷりで日持ち効果もあるのだとか。作っておけば、そのままビールのおつまみに！　できたても冷やしても、どちらもおいしい。

085
豚肉のガリ巻き

豚ロース薄切り肉 …… 6枚
新しょうがの甘酢漬け …… 60〜80g
塩 …… 少々
薄力粉 …… 小さじ1
ごま油 …… 小さじ2
A [みりん …… 大さじ1
    しょうゆ …… 大さじ1/2]
七味唐辛子 …… 適量

◎2人分

1 まな板に豚肉を縦長におき、塩をふり、表面に薄力粉をふる。新しょうがの甘酢漬けの汁けを絞ってのせ、手前からくるくると巻く。

2 フライパンにごま油を熱し、**1**の巻き終わりを下にしてのせ、中火で全体に焼き色がつくまで焼く。

3 **A**を合わせて加え、全体に煮からめる。器に盛り、七味唐辛子をふる。

MEMO

甘酸っぱいガリを巻くだけで、一気につまみに昇格します。難しいことは特にありませんが、薄力粉をふって糊にする、巻き終わりから焼く、の2つではがれずに焼けます。

086

厚切り豚肉のソテー　ザワークラウトのせ

豚ロース肉（トンカツ用）…… 150g
にんにく（つぶす）…… 1かけ
塩 …… 小さじ 1/3
オリーブ油 …… 小さじ2
白ワイン …… 大さじ2

ザワークラウト
紫キャベツ（せん切り）…… 100g
A ┌ 白ワインビネガー …… 大さじ1
　├ 粗びき黒こしょう …… 少々
　└ オリーブ油 …… 大さじ1

◎2人分

1. 紫キャベツは塩小さじ1/3（分量外）でもみ、しんなりしたら水けを絞り、Aでマリネする。
2. 豚肉は水けを拭き、塩をふる。
3. フライパンにオリーブ油、にんにくを入れて弱火で炒め、香りが出たら**2**を入れ、中火で表面に焼き目をつける。白ワインをふり、蓋をして弱めの中火で5分蒸し焼きにする。食べやすく切って器に盛り、**1**、粒マスタード適量（分量外）をのせる。

MEMO
厚めの豚肉をにんにくの風味をつけながらこんがりと焼き、たっぷりのザワークラウトを添えるだけ。もっと手軽に作るなら、ザワークラウトは市販のものでも。

087
タリアータ

牛もも肉(ステーキ用) …… 150g
にんにく(薄切り) …… 1かけ
塩 …… 小さじ1/2
オリーブ油 …… 小さじ1
ベビーリーフ …… 適量
パルミジャーノ・レッジャーノ
　　…… 10g
粗びき黒こしょう …… 少々

◎2人分

1　牛肉は常温にもどし、塩をよくなじませる。

2　フライパンにオリーブ油、にんにくを入れ、弱火で炒める。香りが出たら中火にして1を入れ、全体に焼き色がつくまでを両面を40秒ずつ焼く。アルミホイルにのせ、にんにくも一緒に包み、5分ほどおく。

3　器にベビーリーフをおき、2を切り分けてのせ、削ったチーズ、粗びき黒こしょうをふり、オリーブ油適量(分量外)をかける。

=== MEMO ===
牛ステーキを削ったチーズと一緒に食べる、ワインが進むイタリア料理です。コツは肉を常温にもどすこと、焼いたらアルミホイルに包んで肉汁を落ち着かせることの2つ。

088
牛の紹興酒しゃぶしゃぶ　ごまだれ

牛もも肉（しゃぶしゃぶ用） …… 150g
細ねぎ …… 1本
A ┌ 紹興酒、水 …… 各 1/2 カップ
　└ 塩 …… 小さじ 1/3
ごまだれ
　┌ 練りごま …… 大さじ1と 1/2
　│ しょうゆ …… 小さじ2　粉山椒 …… 小さじ 1/3
　└ 塩 …… 小さじ 1/4　湯 …… 大さじ1と 1/2
粉山椒 …… 少々

◎2人分

1 細ねぎは7〜8cm長さに切る。ごまだれの材料は混ぜる。

2 鍋にAを入れて中火にかけ、煮立ったら牛肉を入れてさっと火を通し、水けをきる。

3 器に2、細ねぎを盛り、ごまだれをかけ、粉山椒をふる。

=== MEMO ===
湯に紹興酒を入れると、紹興酒の香りが肉の臭みを消すと共にほどよく風味をつけてくれます。安いものでいいので、ぜひ紹興酒を使ってみてください。

089
軟骨入り肉だんご　青ねぎのせ

鶏ももひき肉 …… 100g　　鶏軟骨 …… 30g

A
- 長ねぎ(みじん切り) …… 1/4本
- しょうが(すりおろす) …… 1かけ
- 酒 …… 小さじ2　　しょうゆ …… 小さじ1
- 塩 …… 小さじ1/4　　片栗粉 …… 大さじ1

揚げ油 …… 適量　　青ねぎ(小口切り) …… 1本
白いりごま …… 適量
かんきつの果汁(レモンやゆず、かぼすなど)
　…… 小さじ2

◎2人分

1 軟骨はよく洗い、水けを拭いて粗く刻む。ボウルに入れ、鶏ひき肉、**A**を加えてよく練り混ぜ、2〜4等分に丸める。

2 熱湯で**1**を5分ほどゆで、取り出して水けを拭く。

3 180℃の揚げ油に**2**を入れ、表面がきつね色になるまで揚げる。器に盛り、青ねぎ、白ごまをふり、かんきつの果汁をかける。

=== MEMO ===

軟骨のコリコリ感が楽しい、肉だんごです。少し面倒でも一度ゆでてから揚げると、中が生になる心配がなく、揚げるだけよりもさっぱりとした仕上がりになります。

090
ひき肉とえごまのジョン

鶏ひき肉 …… 80g
えごまの葉 …… 4枚

A
- しょうが(すりおろす) …… 1かけ
- しょうゆ、片栗粉 …… 各小さじ1
- 酒 …… 小さじ1/2　塩 …… 少々

衣
- 薄力粉 …… 小さじ1
- 溶き卵 …… 1個分

ごま油 …… 大さじ1　粉唐辛子 …… 少々

◎2人分

1 ボウルにひき肉、Aを入れ、混ぜる。

2 えごまの葉に衣の薄力粉を薄くまぶし、1をはさんで二つに折り、表面にも薄力粉をまぶし、溶き卵をからめる。

3 フライパンにごま油を入れて熱し、2をのせて弱めの中火で返しながら5分ほど焼く。器に盛り、粉唐辛子をふる。

=== MEMO ===
ごま油の香りがするえごまの葉に肉だねを包んで焼いた、ボリュームのあるジョンです。肉だねにしっかり味をつけているので、そのままでも十分おいしい。マッコリと一緒が◎。

091
鴨肉のしょうゆ漬け

合鴨肉（もも肉かたまり）
…… 200g
A ┃ 酒、みりん
　┃ 　…… 各 1/4 カップ
　┃ しょうゆ …… 大さじ3
　┃ 塩 …… ひとつまみ
長ねぎ（白髪ねぎ）…… 適量

◎2人分

1 鴨肉は下ごしらえをし（MEMO参照）、フライパンで皮目から中火でこんがりと焼き、肉面もさっと焼く。皮目を上にして網にのせ、熱湯を回しかける。

2 1のフライパンを拭き、A、1を入れ、蓋をして中火にかけ、煮立ったら弱火にして5分煮る。肉を取り出してアルミホイルで包む。

3 2の煮汁のアクを除いて保存容器に入れ、2の粗熱がとれた肉を漬ける。30分以上漬け、食べやすく切って白髪ねぎを添え、漬けだれをかける。

=== MEMO ===
鴨肉は常温にもどして水けを拭き、筋を除き、脂が多い皮目に格子状に切り目を入れます。こうすると焼いているときに脂が落ちやすくなります。

092

ほぐしささ身と薬味たっぷりのかんきつあえ

鶏ささ身（筋なし） …… 2本
青ねぎ …… 1本　青じそ …… 2枚
A ┌ 酒 …… 大さじ1
　└ 水 …… 1と1/2カップ
B ┌ しょうがのしぼり汁 …… 1かけ分
　│ かんきつの果汁（レモン、ゆず、かぼすなど）
　│ 　…… 大さじ1
　└ 薄口しょうゆ …… 小さじ1と1/2

◎2人分

1 鍋にAを入れて中火にかけ、煮立ったらささ身を入れ、弱火で2分30秒ゆでる。火を止めてゆで汁の中で冷まし、水けを拭いて細かく割く。青ねぎは斜め薄切りにし、水に5分さらして水けをきる。

2 ささ身にBを加えてなじませ、青ねぎ、手でちぎった青じそを加えてあえる。

MEMO

ゆでたささ身はゆで汁の中で冷ますと、肉汁がささ身に戻り、しっとりと仕上がります。そこに薬味をたっぷり合わせ、かんきつの果汁でさっぱりと仕上げた、軽やかなあえ物。

093
シンプルなレバーペースト

鶏レバー …… 150g
A
- 玉ねぎ(ざく切り) …… 1/3個(70g)
- にんにく(つぶす) …… 1かけ
- 赤ワイン …… 3/4カップ
- 塩 …… 小さじ1/2

B
- ドライハーブミックス …… 小さじ1
- バター …… 60g
- 粗びき黒こしょう …… 少々

オリーブ油、バゲット …… 各適量

◎作りやすい分量

1 レバーは塩水に20分ほど浸して血抜きし、流水で水を替えながら洗い、水けを拭く。

2 鍋に1、Aを入れて中火にかけ、煮立ったらアクを除き、蓋をして汁けが少なくなるまで煮る。

3 Bを加え、ハンドミキサーなどで撹拌する。器に盛り、オリーブ油をかけ、バゲットを添える。

MEMO
鉄分やビタミンAなどが豊富なレバーは、意識して食べたい素材です。レバーペーストにすると、レバー特有のボソボソ感や匂いが気にならなくなり、食べやすくなります。

094
蒸し砂肝

砂肝 …… 150g
A ┃ にんにく（つぶす）…… 1かけ
　┃ しょうが（皮つき薄切り）…… 1かけ
　┃ みりん …… 大さじ2
　┃ 酒、ナンプラー …… 各大さじ1
　┗ 水 …… 50mL
レモン汁 …… 大さじ1
香菜 …… 10g

◎2人分

1. 砂肝は銀皮を取り除き、表面の水けを拭く。
2. ステンレスか琺瑯（ほうろう）のボウルに1、Aを入れ、さっと混ぜる。
3. 蒸気の上がった蒸し器に2をボウルごと入れ、強火で25分蒸し、レモン汁をかける。器に盛り、香菜を添える。

=== MEMO ===
砂肝は白い皮の部分（銀皮）がかたいので、取り除くと食べやすくなります。下ごしらえさえしてしまえば後は簡単。味をつけて蒸した、むっちりブリブリの食感がたまりません。

〆の二口ご飯＆めん・翌日のスープ

095
みそ焼きおにぎり

温かいご飯 …… 200g
塩 …… 小さじ1/4
みそ …… 小さじ2
ごま油 …… 少々
細ねぎ（小口切り）…… 1本

◎2人分

1 ご飯に塩を混ぜ、二等分にして握り、表面にみそをのせる。

2 フライパンにごま油を熱し、**1**のみそをのせた面を上にして焼き、焼き目がついたら返し、みそ面もさっと焼く。

3 器に盛り、細ねぎを散らす。

=== MEMO ===
おつまみにもなる、みそ味のおにぎり。みそをのせた面も焼いて香ばしさを出すのがコツ。ただし、焦げやすいので、みそ面はさっと焼くだけにしましょう。

096
鶏だしのスープ茶漬け

温かいご飯 …… 200g
鶏ささ身(筋なし) …… 2本
三つ葉(ざく切り) …… 1/3束
A ┌ 酒 …… 大さじ1
　└ 水 …… 1と1/2カップ
薄口しょうゆ …… 小さじ2
塩 …… 少々
黒いりごま …… 少々

◎2人分

1 鍋にAを入れて中火にかけ、煮立ったらささ身を入れ、弱火で2分30秒ほどゆでる。火を止めてゆで汁の中で冷まし、ささ身を取り出してほぐす。

2 1のゆで汁を中火にかけ、煮立ったらアクを除き、薄口しょうゆ、塩で調味する。

3 器にご飯、1のささ身、三つ葉をのせ、アツアツの2をかけ、黒ごまをふる。

MEMO

飲んだ後に食べたいのはこんな料理。しみじみおいしい鶏だしスープで、ご飯がサラサラ〜と食べられます。だしを取った後のささ身を具に利用したら、一度で二度おいしい。

097
昆布だしの中華ねぎそば

中華めん……2玉
長ねぎ(斜め薄切り)……1本
しょうが(せん切り)……1かけ
A ┌ 昆布……5×5cm 2枚
  │ 酒……1/4カップ
  └ 水……3カップ
B ┌ しょうゆ……大さじ2
  └ 塩……小さじ1/3
粉山椒……少々

◎2人分

1 鍋にAを入れ、1〜2時間おく。

2 1を中火にかけ、煮立つ直前で昆布を取り出し、長ねぎ、しょうが、Bを加え、蓋をして5分煮る。

3 中華めんを袋の表示通りゆで、湯をきって器に盛り、アツアツの2をかけ、粉山椒をふる。

=== MEMO ===
昆布だしがどこか懐かしい、昔ながらの中華そばです。飲んだ後の〆のラーメンの具はねぎ、しょうがだけ！と、あえてシンプルにするのがポイントです。

098
しじみにゅうめん

そうめん …… 2把
しじみ（砂抜き済）…… 150g
だし …… 2と1/2カップ
酒 …… 大さじ2
塩 …… 小さじ2/3
青じそ …… 4枚
しょうが（すりおろす）…… 1かけ

◎ 2人分

1. しじみは殻をこすり合わせて洗う。そうめんは袋の表示通りにゆで、ざるに上げて流水でよく洗い、ざるに上げる。
2. 鍋にだし、しじみを入れて中火にかけ、しじみの殻が開いたら酒、塩で調味する。
3. 器に1のそうめんを入れ、アツアツの2をかけ、青じそをちぎってのせ、しょうがを添える。

MEMO

かつお昆布だしに、しじみのだしを加えたダブルスープのにゅうめんです。しじみは言わずと知れた、肝臓の解毒作用がある素材。〆だけでなく、飲み過ぎた次の日にも。

099
干ししいたけと梅干しのスープ

干ししいたけ……2枚
梅干し……2個
長ねぎ(細切り)……8cm
しょうが(皮つき薄切り)
　　……1/2かけ
水……2カップ
A ┌ 酒……大さじ2
　 └ しょうゆ……小さじ1/2
白いりごま……少々

◎2人分

1 干ししいたけはさっと洗い、分量の水に一晩浸してもどす(もどした干ししいたけは、煮物などに使う)。

2 鍋に**1**のもどし汁を濾して入れ、軽くくずした梅干し、長ねぎ、しょうが、**A**を入れ、中火にかける。煮立ったらアクを除き、蓋をして弱めの中火で5分煮る。器に盛り、白ごまをふる。

MEMO
飲み過ぎて何も食べたくない日にも、梅干しの酸味が利いたスープならするすると喉を通ります。梅干しは手でちぎって種ごと加え、エキスを十分味わいます。

100
塩だらの卵スープ

塩だら ┈┈ 2切れ(160g)
しょうが(せん切り) ┈┈ 1かけ
長ねぎ(小口切り) ┈┈ 1/2本
卵 ┈┈ 1個
A [だし ┈┈ 2カップ
   酒 ┈┈ 大さじ1]
B [しょうゆ ┈┈ 小さじ1
   塩 ┈┈ 小さじ1/4]
粉唐辛子 ┈┈ 少々

◎2人分

1 塩だらはざるにのせて熱湯を回しかけ、水けを拭き、皮を除いてひと口大に切る。

2 鍋に **A**、しょうがを入れて中火にかけ、煮立ったら **1** のたら、長ねぎ、**B** を入れる。再び煮立ったらアクを除き、蓋をして3分煮る。

3 卵を溶きほぐして **2** に回し入れ、火が通ったら器に盛り、粉唐辛子をふる。

MEMO

韓国で二日酔いのときに飲む「干しだらのスープ」を、手に入りやすい塩だらでアレンジ。ふんわり卵のやさしい味です。好みで、粉唐辛子をふるのもまたよし!

スープ

Column 1

素材の組み合わせ

　おつまみに限ってではないのですが……。私は素材の組み合わせこそがおいしさを決めるんじゃないかなあと思っています。というのも、私の料理のモットーは「調味料に頼りすぎない」こと。調味料に頼りすぎるとどんな素材を食べても口の中に残る味わいが同じになってしまうので、できる限り素材の味を生かすよう心掛けています。

　素材の味を生かすためには何を組み合わせるかが、とっても重要です。一番大切にしているのは**「季節を合わせる」**こと。季節が同じ素材同士はとても相性がいい。いわゆる「出会いの味」です。考えてみれば当たり前の話ですよね。旬の食材は、その時期に体が欲しているものなのですから。春の味覚、たけのことはまぐりは、上品な香りやうまみの方向性が似ているので、一緒になると何ともいえないおいしさを醸し出してくれます。そもそも季節の素材は味が濃く、あれやこれや手を加えなくても十分おいしいので、その2素材を酒とほんの少しのしょうゆでさらりと煮たりします。おつまみにするときは、いつもより少しだけ塩味をしっかりつけるのがコツでしょうか。

　「食感が対照的なものを合わせる」のもよくやる方法です。p.10でもお話していますが、やわらかい素材に歯触りのいいものを合わせると、口の中が楽しくなります。せん切りにしてシャワシャワ食感になったキャベツには、カリッと炒めたじゃこを合わせると、キャベツのおいしさが引き立ち、いくらでも食べられます。また、なめらかなディップにはカリッと揚げた魚やこんがり焼いたパンを添えてコントラストをつけたりもします。

Column 2

切り方

　素材を切るとき、いつもこの素材をどう食べたいか？　を考えます。**同じ素材でも切り方を変えると、火の通り方が違ってきて食感にも影響するから**です。

　例えば、ピーマン。「ほどよい食感を残したあえものにしたい」と思ったら、横に細く切ってさっとゆでます。繊維を残して縦細切りにするとパリパリとややしっかりした食感ですが、繊維を断ち切って横薄切りにするとシャキシャキ(シャクシャクの方が近いかも!?)とした軽い食感になるんです。マッシュルームを生でサラダにするときは、あの独特なサクサクともホクホクともいえない食感を楽しむために極薄切りに。厚めに切ったのでは、あの生ならではの繊細な食感にはならないんですよね。

　切り方次第で味のからみ方も違ってきます。あえ衣をしっかり素材にからめたいときには小さめに切り、逆に素材の味を前面に出したい場合は大きめに切ります。きゅうりのカリカリ食感を残しつつ、味もよく染み込ませたい……なんてときには、じゃばら切り(p.25)にしたりします。

　素材を2つ以上組み合わせる料理なら、調和を考えて切ります。火の通りが同じくらいになるように大きさや厚みを揃えて切ったり、逆に大きさに差をつけたり。味の染み込みやすい素材は大きめに切り、染み込みにくい素材は小さめに切って味のバランスをとります。切ってあえるだけのサラダやあえものは、片方だけが強くなりすぎないように気をつけて切ります。「**41** 金柑とせりのマリネ」で金柑の酸味と苦味だけが勝たないよう「薄めに切る」のがその代表例です。

Column 3
下ごしらえ

　調理では、材料を切る、火入れ、調味などいろいろな工程がありますが、私が特に大切にしているのが、素材の下ごしらえです。下ごしらえにはすべて理由があり、するとしないとでは仕上がりに大きな差が出ます。アクや脂を取る、舌触りをよくするために余計なものは取り除く、でも味や栄養をなるべく残したい……。つまり、**下ごしらえは素材のおいしさをより際立たせるための作業**なんです。ですから、素材の味を楽しみたいときこそ丁寧にしたいと思っています。

　以下に、この本に登場する代表的な下ごしらえをピックアップし、その理由も明記してみました。何のための下ごしらえなのかを理解すると、面倒な気持ちが少しはなくなるのではないでしょうか。

☐ アスパラガス	根元のかたい部分の皮をむき、筋っぽさをなくす
☐ オクラ	かたく筋っぽいガクを除き、食べやすくする。塩をつけて板ずりし、産毛をとって口当たりをよくする
☐ スナップえんどう、絹さや	筋を取り、舌触りをよくする
☐ 葉野菜	ゆでるときは大きいままゆでてから切り、味や栄養を極力逃さない
☐ ピーマン	塩、酒のほか、ごま油も入れた熱湯でゆで、色よくすると共に調味料をからみやすくする
☐ もやし	ひげ根を取り、口当たりをよくする
☐ 薬味野菜（みょうが、青じそ）	切ったら水にさらし、アクを抜く
☐ 鶏ささ身	酒入りの湯でゆで、臭みを取る
☐ 鶏もも肉	酒（ほんのり甘味もつけたいときには紹興酒）をもみ込み、臭みを抜くと共に風味をつける
☐ 切り身魚	塩をふってしばらくおき、魚の臭みを抜くと共に水分を出して身を引き締める
☐ えび、かき	塩少々で洗い、臭みを取る

Column 4

盛りつけ

「盛りつけまでが料理」と、誰かが言ってたような。家族やゲストに作るときはもちろん、自分一人が食べるときでも、盛りつけがうまくいくと「わ！」と気分が上がります。逆にせっかくおいしく作ったのに盛りつけで台無し……なんてこともたまにあります。それだけ盛りつけは重要なんです。

　おつまみを盛るときには、**ピンチョスをイメージして立体的に**、を心掛けています。春巻きやフリットなどの揚げ物は平たく盛らず、重ねて高さを出す。ジョンや肉巻きも切って重ねる。立体的に盛ると動きが出て、それだけでより食欲をそそるおつまみになるんですよね。

　盛りつけ方ではないですが、**仕上げのひとふり**もつくづく大事だなあと思っています。料理を器に盛った後、粗びき黒こしょう、粉山椒、七味唐辛子、ごま、カレー粉などをパラリとふると風味や食感に変化がつき、味わいが引き立つだけでなく、ビジュアルのアクセントにもなります。チーズやレモンの皮を削りかけるのもいいですね。おつまみには、この**「アクセント」「メリハリ」**が必要だと思っています。日本料理の天盛りの考え方と近いかもしれません。青みを添えるのも同じ理由から。細ねぎや青じそ、香菜などの青みには、料理をおいしそうに見せるパワーがあります。

　器にこだわるなら、直径10～15cmの器があると便利。豆皿もかわいいですが、小さすぎず大きくもなくないサイズの器を揃えると、盛りつけもワクワクします。色は、まずは料理を選ばない白い器を。そこに模様や色つきのお皿が加わると、食卓がぐんと華やぎます。

ワタナベマキ

料理研究家。夫と息子と猫2匹と暮らす。グラフィックデザイナーを経て、2005年に料理研究家として活動を始める。日々食べるものをおいしくていねいに作るのが信条。素材の味をシンプルに引き出す料理、素材の組み合わせに定評がある。ライフスタイルに憧れるファンも多い。現在は、テレビ、雑誌、オンライン料理教室など幅広く活躍中。著書は『ほったらかしでおいしい！ せいろでおかず蒸し』(Gakken)、『あたらしいみそおかず』(文化出版局)、『ワタナベマキの体に優しいいたわりスープ』(扶桑社)など多数。

https://maki-watanabe.com

五感が喜ぶおいしい組み合わせ。

おつまみ100

2025年4月26日　第1刷発行

著　者　　ワタナベマキ
発行人　　関川 誠
発行所　　株式会社宝島社
　　　　　〒102-8388
　　　　　東京都千代田区一番町25番地
　　　　　電話　（営業）03-3234-4621
　　　　　　　　（編集）03-3239-0928
　　　　　https://tkj.jp

印刷・製本　サンケイ総合印刷株式会社

本書の無断転載・複製を禁じます。
乱丁・落丁本はお取り替えいたします。

©Maki Watanabe 2025
Printed in Japan
ISBN978-4-299-06265-9

この書籍は、

・プレゼンに慣れていない
・ビジネス的な堅苦しい書籍は読んでいてちょっと疲れてしまう
・歴史に興味がある
・プレゼンの楽しさを知りたい
・もっと相手に伝わるプレゼンを作りたい

という方におすすめの書籍です。

　読んでいるだけで、さまざまなプレゼンのテクニックが身につく不思議な本です。

　そうそう、1点だけお願いがあります。**あくまで歴史をベースにしたプレゼンですが設定としてかなり史実とは異なっております。**さまざまなところでアレンジを加えておりますので、フィクションであることをあらかじめご了承ください（「これは史実と違ってます！」というご指摘はご容赦くださいませ♪）。

　さて、歴史に名を刻んだ偉人たちはその時、何を考え、誰に向けて、どんな念（おも）いをプレゼンしたのでしょうか？

　もしも、あなたがその偉人だったら……。
　そんなことを想像しながら読み進めてみてください。

　これからあなたに訪れる人生の転換点でこの『歴史的プレゼン』が一助となることを祈念しております。

前田鎌利

> 歴史的プレゼン　目次

はじめに …………………………………………………………………………… 2

序章　薩長同盟「水と油を混ぜるぜよ!!」

- ▶ もしも坂本龍馬が西郷隆盛と木戸孝允に、
  パワポで薩長同盟のプレゼンをしたら …………………………… 11
- ▶ 解説編 …………………………………………………………………… 24
  - プレゼンで伝えるべき2つのこと ………………………………… 31
  - 伝わるためのメカニズム …………………………………………… 31
  - 「理解」を「納得」に変える4原則 ………………………………… 32
  - ロジカルストーリーと感情デザイン ……………………………… 34
  - プレゼンのシナリオは8パターン ………………………………… 36

第1章　推古天皇の「いいから結論から話せ！」

- ▶ もしも聖徳太子の十七条の憲法の提案にダメ出しが出たら ……… 39
- ▶ 解説編 …………………………………………………………………… 42
- ▶ テクニック編
  - 1. 要点を押さえた「1枚サマリー」……………………………… 44
  - 2. 選択肢を用意して、意思決定を促す ………………………… 44
  - 3. スライドサイズは「16:9」に ………………………………… 45
  - 4. 企業文化に合わせたチューニング …………………………… 46

第2章　聖武天皇の「みんな！　オラに力を！」

- ▶ もしも聖武天皇が大仏建立のクラウドファンディングをしたら ……… 49
- ▶ 解説編 …………………………………………………………………… 56
- ▶ テクニック編
  - 1. 信頼を勝ち取る3つの技法 …………………………………… 60
  - 2. 「帯透過」で見やすくする …………………………………… 61
  - 3. 視覚に訴える図解　8つの型 ………………………………… 61

COLUMN① プレゼン資料のつくり方

1. いきなりパワーポイントを開いてはいけない ……………………………… 65
2. シナリオシートをつくろう ……………………………………………… 67
3. 7割くらいの完成度で上司に確認を ……………………………………… 68

第3章 北条政子の「新！ いざ鎌倉」

▶ もしも北条政子が有名な演説「頼朝公のご恩は山よりも高く海よりも深い」を封印してプレゼンしたら ……………………… 69
▶ 解説編 …………………………………………………………………… 76
▶ テクニック編
　1.「めくり効果」でワクワク感を演出する ………………………………… 80
　2.「全画面」で心を揺さぶる ……………………………………………… 81
　3.「多画像効果」を活用して、印象に残す ………………………………… 82

第4章 羽柴秀吉の準備万端!! 清洲会議プレゼン

▶ もしも羽柴秀吉が質疑応答の資料をバッチリ用意していたら ………… 85
▶ 解説編 …………………………………………………………………… 90
▶ テクニック編
　1. アジェンダの準備が成功の鍵 ………………………………………… 92
　2. 差をつける補足資料の準備 …………………………………………… 93
　3. 相手のことを知る準備 ………………………………………………… 94

第5章　暴れん坊将軍の「君の声が聞きたい」

- ▶ もしも徳川吉宗が目安箱設置を広く庶民に訴えかけたら ……… 97
- ▶ 解説編 ……………………………………………………………………… 104
- ▶ テクニック編
  1. マジックナンバー3の法則 ………………………………… 108
  2. フォントとフォントサイズの選び方 ……………………… 109
  3. 自分ごとにさせる4つの「つかみ」 ……………………… 110

第6章　白熱！ 開国を迫る 黒船ペリー vs 老中 阿部正弘のロジカルプレゼン術

- ▶ もしも老中 阿部正弘の質問に対して、ペリーが論理的にプレゼンしたら ……… 115
- ▶ 解説編 ……………………………………………………………………… 122
- ▶ テクニック編
  1. データの見せ方 4つの型 …………………………………… 124
  2. 視線の基本は「Zの法則」 …………………………………… 125
  3. 左グラフ右メッセージ ……………………………………… 126
  4. 質疑応答10のチェックリスト ……………………………… 127

COLUMN②　人生で一番行うプレゼンとは？

1. 自己紹介も立派なプレゼン ……………………………………… 133
2. 情報は自分でアップデートする ………………………………… 135
3. 多くの人の前で話す時に緊張する人へ ………………………… 136
4. プレゼン前はポジティブイメージを持つ ……………………… 136
5. プレゼン中は2つの克服方法を事前にやっておく …………… 137

第7章　勝海舟の江戸無血開城 報告プレゼン

▶ もしもすでに調整が終わっていて勝海舟と西郷隆盛の会談がただの報告プレゼンだったら ･････ 139

▶ 解説編 ･････ 144

▶ テクニック編
  1. 報告プレゼンにはネクストステップを ･････ 146
  2. わかりやすい定型フォーマット ･････ 146
  3. キーメッセージは「13文字の法則」 ･････ 147
  4. メッセージにはメリハリを ･････ 148
  5. やってはいけない3つのNGメッセージ ･････ 148
  6. 補足するなら40文字程度に ･････ 149
  7. 1スライドは105文字まで ･････ 150
  8. 依頼プレゼンにはコミットメントのスライドを入れる ･････ 151

第8章　あなたの藩が生まれ変わる!! 廃藩置県で将来安心プレゼン

▶ もしも大久保利通と木戸孝允が新事業 廃藩置県をわかりやすく伝えたら ･････ 153

▶ 解説編 ･････ 162

▶ テクニック編
  1. シグナル効果を活用する ･････ 167
  2. 色使いはトンマナ重視 ･････ 167
  3. 1スライドは3色まで ･････ 168
  4. 暖色系と寒色系 ･････ 168
  5. 「セブンヒッツ理論」で記憶に残す ･････ 169
  6. アニメーションでインパクトを ･････ 169

第9章 アメリカへ売り込め!! 渋沢栄一のインバウンドプレゼン

▶ もしも渋沢栄一が日本へのインバウンド訴求プレゼンをしたら 173
▶ 解説編 184
▶ テクニック編
  1. 「公式法」で、すぐわかる 190
  2. 「比喩法」で、よくわかる 190
  3. 営業プレゼンではコンサルプレゼンがおすすめ 191
  4. 大人数に話す時には 192
  5. フィラーをなくして、プレゼンに切れ味を 193

第10章 これからの時代を切り開く!! 日英同盟のAIプレゼン

▶ もしも小村寿太郎が伊藤博文に日英同盟の説得をするプレゼンでAIを活用したら 195
▶ 解説編 200
▶ テクニック編
  1. ChatGPTを活用して、資料作成を効率化 202
  2. AIによるプレゼン作成の未来像 203

おわりに
205

カバーデザイン　　金澤浩二
カバーイラスト　　ホセ・フランキー
スライドデザイン　堀口友恵

ました。
　これまでもプレゼンや資料作成の書籍を執筆してまいりましたが、ビジネスパーソンはもちろん、大学や高校でも授業や受験で使われることが増大している背景から、ビジネス色の強いものではなく、もっとだれでも面白おかしく学べるような書籍がお届けできないものかと考えていた矢先に、今回の出版のご依頼をいただくことになったのです。渡りに船とはこのこと！　お声がけいただき本当にありがとうございます。

　そんな経緯で、歴史好きだった私が「**プレゼンテーション**」×「**歴史**」というスタイルでお届けすることになったのが本書『歴史的プレゼン』です。この本は歴史上の転換点や意思決定のプロセスをベースにして、「もしも……」という形で面白おかしく、少々（というか、かなり）史実をアレンジした設定でお届けするプレゼンスタイルになっております。さらに、それぞれのプレゼンでさまざまなテクニックを使い、相手をどのようにして動かしたのかを表現してみました。

　それぞれの章の構成としては、

　①プレゼンテーション
　②スライドの解説
　③プレゼンで使用したTips

という順番で展開していますので、どの時代でもあなたの興味がある歴史のパートから読み始めていただいて問題ありません！　各章の終わりにはポイントをまとめていますので、時間がない方はそこからプレゼンを読み返していただいてもOK！　楽しく読んで学んでいただけるかと思います。

長い……。長いですね……。
　プレゼンはこの長々と書かれているものをいかに削ぎ落としてシンプルにするかの作業です。この自己紹介もプレゼンであれば、

「ビジネス」
「教育」
「書」

の３つしか表記しません。

　限られた時間しかいただけませんから、「絞る」という作業を行います。「絞ってしまっては、伝わらないのでは？」と思われるでしょう。その通りです。書籍であれば文字情報しか使用できませんから、当然、文章を書いて伝えざるを得ないのですが、プレゼンテーションとなると異なります。むしろ文章では書かないのです。
　なぜなら、プレゼンテーションとは情報を提供するだけではなく、限られた時間で相手を行動変容させることがゴールだからです。
　つまり、相手の感情を動かさなければ行動変容にはつながらないのです。

　仕事柄、私はさまざまな企業や学校などでたくさんのプレゼン資料に触れる機会があるのですが、いま見ていただいた私のプロフィールの紹介のように、とにかく伝えたいことを詰め込むだけ詰め込んでいる資料をよく見かけます。読むのが苦痛になったり、理解することで精一杯で、結局何が言いたいのかわからなかったりするスライドだらけです。

　また、ここ数年で全国の小学校・中学校・高校や大学などからプレゼンの講義のご依頼を多々いただくようになってきました。受験においても指定校推薦や総合型選抜などでの進学が50％を超えようとしてきており、ビジネスシーンだけでなく、教育の分野でもプレゼンテーションをする機会が増加し、多くの人の前で伝えるスキルが求められていることをひしひしと実感するようになり

序章

薩長同盟
「水と油を混ぜるぜよ!!」

もしも
坂本龍馬が西郷隆盛と木戸孝允に、
パワポで薩長同盟のプレゼンをしたら

プレゼンター	坂本龍馬
ターゲット	西郷隆盛(薩摩藩)　木戸孝允(長州藩)
ゴール	薩長同盟の締結

序章
薩長同盟　「水と油を混ぜるぜよ!!」

1

海外からの脅威
搾取される未来

坂本龍馬

西郷どん、木戸さん、今、日本は海外から狙われちょるぜよ。このままやったらええように搾取されちまう。

2

徳川幕府

2人ともこのまま幕府に任せっきりはようないと思っちょる。なんとか朝廷に代わってほしいと思う気持ちが一緒なのも知っちょる。

3

けど、あんたらは水と油みたいな関係になってしまっとる。

4

薩摩が水で、油が長州じゃ。
そんなんじゃ、いつまで経っても一緒に事を成すことなんぞできん。

序章
薩長同盟 「水と油を混ぜるぜよ!!」

5

 水と油が混ざるには洗剤が必要じゃ。
それがワシじゃ。そんで、今回ワシが提案するのが、

6

 薩長同盟じゃ。
薩摩と長州が手を組めば、幕府を倒すのは容易いぜよ！

薩長同盟
6つの提案

今回、その同盟を結ぶ上で、6つの提案事項を考えてきたぜよ！

1	2	3

薩長同盟6つの提案

4	5	6

この6つの提案を双方で同意してもらえれば、必ずワシらが願う未来が一歩近づくのは間違いないぜよ！

序章　薩長同盟　「水と油を混ぜるぜよ!!」

 １つ目は、長州が幕府と戦ったら薩摩は兵を出すこと！

 ２つ目は長州が勝ちそうなら、薩摩は朝廷に長州を許してもらうように進言すること！

11

| 長州vs幕府になったら 薩摩は兵を出す！ | 長州が勝ちそうなら 薩摩は朝廷に 許してもらう ように言う！ | 万が一負けそうに なっても 薩摩は ガッツリ協力する！ |

薩長同盟6つの提案

| 4 | 5 | 6 |

3つ目は、万が一長州が負けそうになっても、薩摩はガッツリ協力して応援すること！

12

| 長州vs幕府になったら 薩摩は兵を出す！ | 長州が勝ちそうなら 薩摩は朝廷に 許してもらう ように言う！ | 万が一負けそうに なっても 薩摩は ガッツリ協力する！ |

薩長同盟6つの提案

| 幕府が撤退したら 「長州は無実だ」と 薩摩から朝廷に言う！ | 5 | 6 |

4つ目は幕府が江戸に引き上げたら、長州は無実であることを朝廷に言うこと！

序章
薩長同盟 「水と油を混ぜるぜよ!!」

13

薩長同盟6つの提案

- 長州vs幕府になったら薩摩は兵を出す!
- 長州が勝ちそうなら薩摩は朝廷に許してもらうように言う!
- 万が一負けそうになっても 薩摩はガッツリ協力する!
- 幕府が撤退したら「長州は無実だ」と薩摩から朝廷に言う!
- 他の奴らが朝廷を利用して妨害をしてきたら薩摩も幕府と戦う!
- 6

5つ目は他の奴らが朝廷を利用して薩摩の妨害をしてきたら、薩摩も幕府と戦うこと!

14

薩長同盟6つの提案

- 長州vs幕府になったら薩摩は兵を出す!
- 長州が勝ちそうなら薩摩は朝廷に許してもらうように言う!
- 万が一負けそうになっても 薩摩はガッツリ協力する!
- 幕府が撤退したら「長州は無実だ」と薩摩から朝廷に言う!
- 他の奴らが朝廷を利用して妨害をしてきたら薩摩も幕府と戦う!
- 長州と薩摩で一緒に天皇中心の国家作りをやる!

最後に6つ目は、とにかく長州と一緒になって天皇中心の国作りを行うこと!

15

薩長同盟のメリットデメリット

	メリット	デメリット
薩摩藩	表立って幕府と戦争しなくても長州藩が共に戦ってくれる！	薩摩藩だけの倒幕は難易度が高い…
長州藩	最新の武器を薩摩藩から入手可能！倒幕→朝廷から認めてもらえる可能性高	武器不足により幕府軍に敗北の可能性倒幕の夢が実現できない！

実際にメリデメを作ったが、薩摩は戦争をして浪費することなく長州が戦うことで倒幕に歩みを進めることができるし、長州は幕府の長州征伐で戦う武器を薩摩から入手することができるぜよ！　これはWin-Winぜよ！

16

薩長同盟のスケジュール

	1863年	1864年	1866年	今後の予定
薩摩藩	薩英戦争		薩長同盟	江戸幕府滅亡新政府発足
長州藩		・蛤御門の変・幕府第1次長州征討・四国連合艦隊→下関砲撃		

これまでいろいろあったが、今、薩長同盟を結べば確実に江戸幕府を倒すことができるし、ゆくゆくは新政府を発足させることができるぜよ！

序章
薩長同盟 「水と油を混ぜるぜよ!!」

 今は水と油の薩摩と長州じゃが、

 洗剤を使ってこれをしっかりと混ぜる！

19

洗剤 = 亀山社中

洗剤であるこの亀山社中の坂本龍馬が一肌脱ぐ。
これがワシのできることぜよ！ 何がなんでも混ぜてみせる！

20

薩摩藩 ＋ 長州藩

薩摩と長州が同盟を結んで日本を変える！

21

 ワシらで日本を綺麗に洗濯するぜよ！

22

 幕府から朝廷へ大政奉還させる！

23

そして、天皇のもと、1つにまとまった日本として外国に立ち向かう新しい国をつくる!

24

そのためにも、今、この瞬間に薩長同盟を結ぶことが未来への第一歩ぜよ! よろしく頼むぜよ!

序章
薩長同盟 「水と油を混ぜるぜよ!!」

薩長同盟
「水と油を混ぜるぜよ」

解説編

「混ぜるぜよ！」

プレゼンター	坂本龍馬
ターゲット	西郷隆盛（薩摩藩） 木戸孝允（長州藩）
ゴール	薩長同盟の締結

西郷隆盛

木戸孝允

坂本龍馬

　さて、このようなプレゼンが行われたかどうかはさておき、プレゼンテーションを使うことで薩長同盟への龍馬の熱い念いが届くツールとして機能させることができたのではないかと思います。

　史実ではなかなか話し合いが進まず、最終的には龍馬が西郷を口説いて薩摩から長州への依頼という形で同盟を結んだとされていますが、もしかしたらこのようにプレゼン資料を用いることで、もっとスムーズに事が進んだかもしれません。

　さて、この書籍は、

①プレゼンテーションの資料とトークスクリプト
②それぞれのプレゼン資料のスライドごとの解説
③そこで使われているテクニックの解説

　という3部構成で、10の歴史の転換点をベースにプレゼンを作成し、それぞれのテクニックの紹介を行っています。
　さまざまなシチュエーションの10のエピソードを通して、プレゼンのテクニックを身につけていただければと思います。

　まずは導入編として、薩長同盟プレゼンではどのようなテクニックを使っているのかを、具体的に見てみましょう。

1		黒バック白文字で危機感の感情を作り出す。 **使用テクニック** ▶ **全画面の写真配置** ▶ **黒バック＋明朝体＋白文字** 　課題　　共感
2	徳川幕府	徳川幕府の表記だけを見せて話に集中させる。 　原因　　共感
3		水と油を画像で表現。 高画質の写真を用意。 **使用テクニック** ▶ **比喩法** 　解決策　　共感
4		水の上に薩摩藩、油の上に長州藩と書くことで、水と油の関係であることを想起させる。 **使用テクニック** ▶ **比喩法** ▶ **透過** 　解決策　　共感

序章
薩長同盟 「水と油を混ぜるぜよ!!」

5

洗剤は水と油を混ぜる物質。
高画質の写真を用意。

使用テクニック
▶ 比喩法
▶ 写真全画面

解決策　信頼

6

同盟の解像度を上げるべく、握手の写真。

使用テクニック
▶ 写真全画面
▶ 透過
▶ 1スライド1メッセージ

解決策　納得

7

数字を先に伝えることでイメージを持たせる。

解決策　納得

8

数字のみを見せることで、さらにゴールイメージを湧かせる。

使用テクニック
▶ めくり効果

解決策　納得

26

		使用テクニック
9	長州vs幕府になったら薩摩は兵を出す！ / 2 / 3 / **薩長同盟6つの提案** / 4 / 5 / 6	▶ 1ボックス1メッセージ ▶ めくり効果 解決策　納得
10	長州vs幕府になったら薩摩は兵を出す！ / 長州が勝ちそうなら薩摩は朝廷に許してもらうように言う！ / 3 / **薩長同盟6つの提案** / 4 / 5 / 6	▶ 1ボックス1メッセージ ▶ めくり効果 解決策　納得
11	長州vs幕府になったら薩摩は兵を出す！ / 長州が勝ちそうなら薩摩は朝廷に許してもらうように言う！ / 万が一負けそうになっても薩摩はガッツリ協力する！ / **薩長同盟6つの提案** / 4 / 5 / 6	▶ 1ボックス1メッセージ ▶ めくり効果 解決策　納得
12	長州vs幕府になったら薩摩は兵を出す！ / 長州が勝ちそうなら薩摩は朝廷に許してもらうように言う！ / 万が一負けそうになっても薩摩はガッツリ協力する！ / **薩長同盟6つの提案** / 幕府が撤退したら「長州は無実だ」と薩摩から朝廷に言う！ / 5 / 6	▶ 1ボックス1メッセージ ▶ めくり効果 解決策　納得

序章
薩長同盟 「水と油を混ぜるぜよ!!」

13

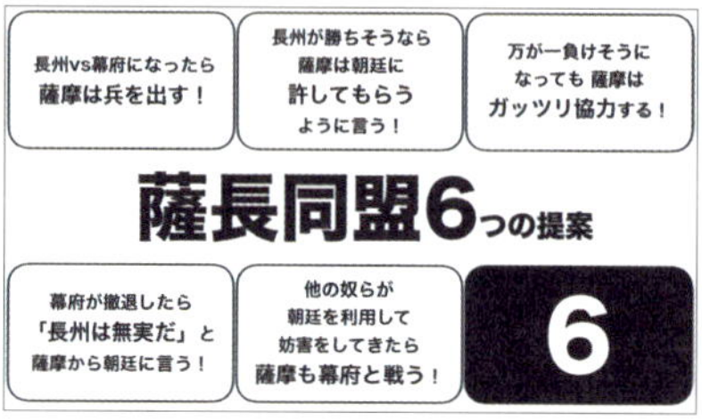

使用テクニック
▶ 1ボックス1メッセージ
▶ めくり効果

解決策　納得

14

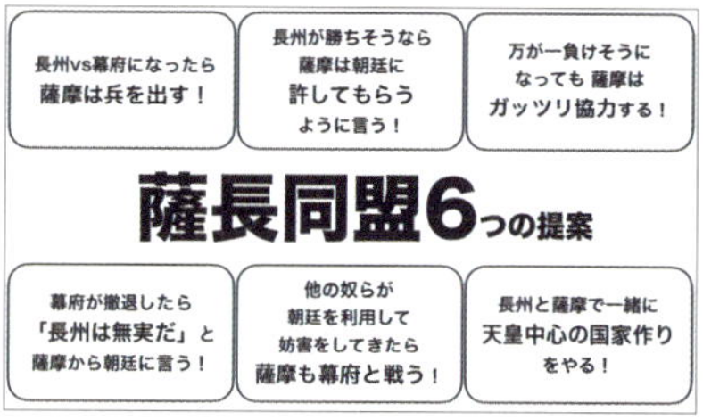

使用テクニック
▶ 1ボックス1メッセージ
▶ めくり効果

解決策　納得

15

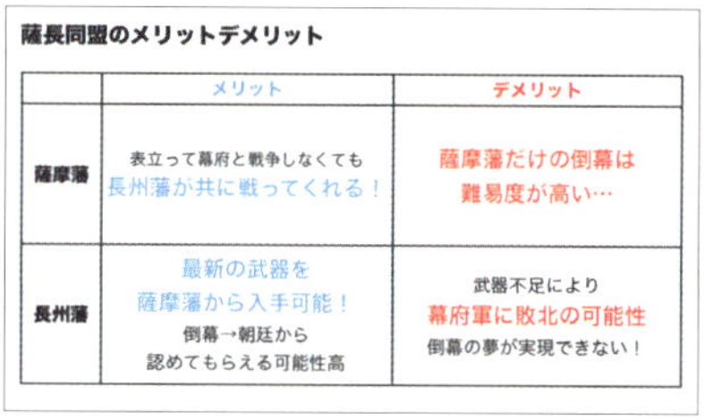

メリット・デメリットを視覚化することで納得感を増す。

使用テクニック
▶ 図解化
▶ シグナル効果

効果　納得

16

スケジュールを見える化することで未来像をクリアにする。

使用テクニック
▶ 図解化

効果　納得

| 17 | 薩摩藩　長州藩 | 使用テクニック
▶ 比喩法
▶ 透過

解決策　納得 |

| 18 | 洗剤 | 使用テクニック
▶ 比喩法
▶ 写真全画面

解決策　信頼 |

| 19 | 洗剤 ＝ 亀山社中 | 使用テクニック
▶ 比喩法
▶ 写真全画面
▶ 透過

解決策　信頼 |

| 20 | 薩摩藩 ＋ 長州藩 | 使用テクニック
▶ 公式法

効果　決断 |

序章
薩長同盟　「水と油を混ぜるぜよ!!」

21

使用テクニック
- 13文字の法則
- 1スライド1メッセージ
- 写真全画面

効果　決断

22

徳川幕府 → 天皇中心

使用テクニック
- 図解化

効果　決断

23

使用テクニック
- 写真全画面
- 透過

効果　決断

24

使用テクニック
- 写真全画面
- 透過
- 1スライド1メッセージ

効果　決断

いかがでしょうか？　ご覧いただいた通り多数のテクニックを使用しています。これらのテクニックは後ほど解説・紹介を行いますのでお楽しみに！

さて、各章に入る前に、最初にプレゼンについての定義を行っておきます。

＜プレゼンテーションの定義＞
限られた時間で相手の行動変容を促すこと。

今回の歴史プレゼンのベースになっているのは、どれも大きく歴史が動いた瞬間です。そこにはプレゼンをする人の熱い念いとそれを聞く人がいて、聞いた方が行動したからこそ歴史は動きました。

プレゼンで伝えるべき2つのこと

どんなプレゼンであれ、そのプレゼンを通して伝えなければならないことがあります。それは、「勇気」と「希望」です。「勇気」とは、挑戦ややる気と置き換えられるように、自分たちが成し遂げたいことを最後までやり切る気持ち。この**強い気持ちがなければ相手に届きません。**決裁権限を持っている立場からすると、意思決定や決断はできますが、最後までやり切ってくれるかどうかは担当者次第ですから、信じるしかありません。だからこそ、提案する方には当事者意識を持って最後までやり切るという気概で提案してほしいと思うのです。

もう1つの「希望」ですが、プレゼンを聞くのはあくまで人です。人の感情がどういった時に動くのかについてはさまざまな研究がなされていますが、少し先の未来の話を聞くとワクワクします。映画の予告編などもそうですね。つまり、**いかに相手をワクワクさせることができるか？**　そのためには、**少し先の未来像を解像度高く伝えることが重要**です。

伝わるためのメカニズム

では、「勇気」と「希望」を盛り込んだプレゼンはどのように伝わるのでしょうか？　伝わるためのメカニズムを見てみましょう。

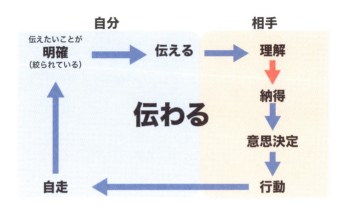

　そのまま伝えるだけでは相手は理解して終わりです。理解させることがゴールであれば、資料を配って読んでもらえばいいでしょう。しかし、**プレゼンでは内容について理解させるだけでなく、相手の感情を動かす必要があります。**

　そのためにはまず、伝えたいことを明確にして絞り込みます。ただ書かれている文章を読み上げて伝えるだけでは、相手は理解して終わるだけ。**プレゼンでは、この「理解してもらう状態」から「納得の状態」に変化させる必要があるのです。**

　納得すれば意思決定されますし、意思決定するからこそ行動につながります。相手が行動してくれて初めて自分に戻ってきて自走することが可能になるのです。この理解から納得へのジャンプがプレゼンの場合には求められます。では、理解から納得へジャンプさせるにはどうすればよいでしょうか？　このメカニズムを機能させるためのポイントは4つです。

「理解」を「納得」に変える4原則

①目的・ゴール
②相手欲
③質疑応答
④念い

①目的・ゴール

どんなプレゼンにも目的やゴールの設定が不可欠です。今回のプレゼンであれば、薩長同盟。これを成立させて日本を大きく変えていくきっかけにするという明確な目的があります。**目的・ゴールが不明確な場合は、「なぜこのプレゼンをする必要があるのか?」といま一度確認する必要があります。**

②相手欲

プレゼンは必ず誰かに対して行う行為。薩長同盟であればプレゼンターは坂本龍馬、相手は西郷隆盛、木戸孝允です。**龍馬は、西郷と木戸はこのプレゼンを聞いている時にどんなことを考えるかについて仮説を立てる必要があります。** たとえば、長州藩の木戸は、「薩摩藩の西郷は本当に信用できるだろうか?」と疑心暗鬼になるだろう、といった具合です。

また、薩摩藩からすると、「本当に長州藩と手を組んで後悔しないだろうか?」といったことを想定します。このように仮説を立てると、どんな言葉を選択してどのように話そうかという思考が展開されます。もちろん、プレゼンを進めていく上で想定とは違う反応が見られるかもしれません。その際には、臨機応変にチューニングしながら、相手が望む状態を質疑応答で探るのです。

③質疑応答

しっかりと相手との距離を詰めるのがこの質疑応答です。**プレゼンは綺麗な資料を作って何度も練習をして、よどみなく話すことがゴールではありません。** 実際のプレゼンはこの質疑応答の準備ができるかどうかが勝負です。**上手いプレゼンでなく、勝てるプレゼンができるかどうか。** それがこの質疑応答の準備にかかってきます。

④念い

最後に念い。**プレゼンで最も大切なのはこの念いの強さといっても過言ではありません。** 龍馬の日本の未来への強い念いが2人を動かします。プレゼンはその補助ツールに過ぎません。念いとは、強い気持ちを表します。信念、執念、念願。会社であれば企業理念、受験であれば、進学先で成し遂げたいことへの

ロジカルストーリーと感情デザイン

プレゼンでよくあるご相談が、

・どうやったら短時間で説得力のある資料が作れますか？
・どうやったら相手に伝わるプレゼンができますか？

というものです。
この2つを満たすには「型」を意識することが欠かせません。
プレゼンはシチュエーションやターゲットによってさまざまな型が存在しますが、これまで私が2000社以上のプレゼンに携わってきておすすめしているのがこちらです。
このロジカル（論理的）なストーリーにするために、課題→（なぜなら）→原

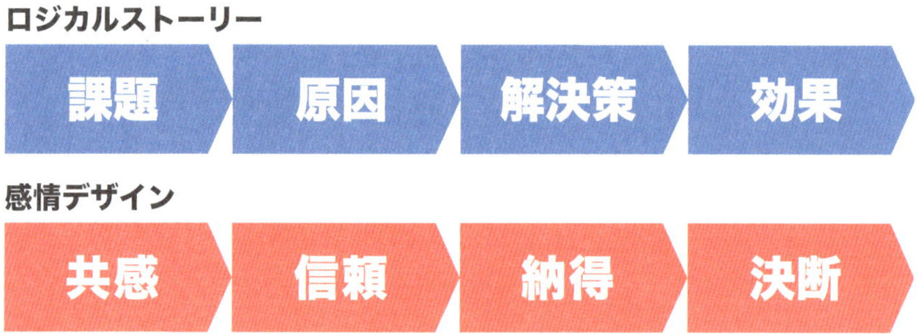

ロジカルストーリー

課題 → 原因 → 解決策 → 効果

感情デザイン

共感 → 信頼 → 納得 → 決断

因→（だから）→解決策→（すると）→効果があるという、接続詞でつながるようにストーリーを組み立てます。

　あわせて、それぞれのスライドを見た時に相手がどのような感情を抱くのかをプレゼンター側でデザインします。例えばモノクロの写真で明朝体を使用するなどして、課題感を醸成して共感を抱くように導きます。このように、**どのような画像やフォントを表現として見せていくと相手の感情をデザインできるかについて演出面から考えるのです。**

　みなさんがドラマや映画を見て感動して涙が出るのは、感受性が豊かだからではなく、演出家によって演出されているものを見て、聞いて、感情が動かされるからです。ここで、「この音楽をかけたら感情が動くぞ！」「ここでこの演者が泣いたらつられて涙が出てくるぞ！」といった具合です。この演出をプレゼンでも使い、**見ている人の感情をデザインする**のです。

　このように**ロジカルストーリーと感情デザインを2段構造にしてプレゼンを組み立ててみましょう。**
　ただ単に情報だけを並べたものよりも、圧倒的な説得力と感情を揺さぶるプレゼンになります。
　今回の薩長同盟も上記のロジカルストーリーと感情デザインがしっかりと考慮されて作られています。

序章
薩長同盟 「水と油を混ぜるぜよ!!」

プレゼンのシナリオは 8 パターン

　プレゼンはそのシチュエーションやターゲットによってシナリオのパターンが異なります。どのようなシナリオがそれぞれのパターンで有効かについて、下の表をご参照ください。

	プレゼンスタイル	ストーリー
社内プレゼン	決裁を得るプレゼン	1枚サマリー → 課題 → 原因 → 解決策 → 効果 → 質疑応答
	報告プレゼン	現状 → ネクストステップ → 質疑応答
	Kick off mtg（大人数へ1wayプレゼン）	つかみ → 課題 → 原因 → 解決策 → 効果
	研修プレゼン	ゴール → 講義 → work → まとめ → 振り返り
社外プレゼン	営業プレゼン	1枚サマリ → 課題 → 原因 → 解決策 → 効果 ＋ コンサルティングプレゼン → 次のアポイント
	TEDプレゼン（講演）	つかみ → 課題 → 原因 → 解決策 → 効果
	コンペプレゼン	つかみ → 課題 → 原因 → 解決策 → 効果 → 質疑応答
	株主総会	つかみ → 業績報告 → 課題 → 原因 → 解決策 → 効果 → つかみ 業績報告 → つかみ → 課題 → 原因 → 解決策 → 効果 → つかみ

今回の薩長同盟は、コンペプレゼンをベースにして作成しました。本来ならば龍馬のプレゼンの後に西郷・木戸との質疑応答、そして両者の議論を龍馬がファシリテーションしていたのではないかと思います。
　この質疑応答のパートは前述の通りとても重要なものです。日常の会議でもプレゼンだけを聞いて承認されることはほぼないのではないでしょうか。

　さて、上記の8パターンは大きく社内プレゼンか社外プレゼンに分かれます。
　社内プレゼンは身内に向けたプレゼン。社外プレゼンは対外的な他人に向けたプレゼンです。社内であれば可能な限り短い時間で決裁をとることが重要視されます。なぜなら限られた時間で意思決定する回数を増やせば増やすほどアクションの数が増えて結果が出るからです。より端的によりロジカルに意思決定を促す資料が求められます。

　他方、社外プレゼンはいかに相手の感情に訴えかけ、相手の感情をデザインし、興味関心を持ってもらい行動変容に繋げることができるかが勝負です。受験プレゼンもこちらに含まれます。

　今回取り上げる歴史的プレゼンでは上記の8パターンを駆使して、歴史上の人物たちが未来を切り開いていきます。プレゼンを見ながら、どのパターンでどのテクニックを使用しているのかをぜひ考えながら読み進めてみてください。そして、皆さまが日常で作成されるプレゼンはどのパターンで作成するとより結果につながるプレゼンに近づくのかも考えてみていただければ幸いです。

薩長同盟
「水と油を混ぜるぜよ!!」 ポイント

- ✅ プレゼンにこめるのは「勇気」と「希望」
- ✅ プレゼンが伝わるメカニズムを理解する
- ✅ 『理解』を『納得』に変える4原則
  - ①目的・ゴール
  - ②相手欲
  - ③質疑応答
  - ④念(おも)い
- ✅ ロジカルストーリーと感情デザイン

  ロジカルストーリー
  課題→原因→解決策→効果

  感情デザイン
  共感→信頼→納得→決断

- ✅ プレゼンシナリオは8パターン

祝！ 薩長同盟！

西郷隆盛　坂本龍馬　木戸孝允

第1章

推古天皇の「いいから結論から話せ！」

もしも
聖徳太子の十七条の憲法の提案に
ダメ出しが出たら

プレゼンター	聖徳太子
ターゲット	推古天皇
ゴール	十七条の憲法の承認を得る

夏四月丙寅朔戊辰、皇太子親肇作憲法十七條。
一曰、以和爲貴、無忤爲宗。人皆有黨。亦少達者。以是、或不順君父。乍違于隣里。然上和下睦、諧於論事、則事理自通。何事不成。
二曰、篤敬三寶。々々々者佛法僧也。則四生之終歸、萬國之極宗。何世何人、如不貴是法。乏者之

長い！

聖徳太子　　　　　　　　　　　　　　　　推古天皇

第 1 章
推古天皇の「いいから結論から話せ！」

1

> **十七条の憲法の提案**
>
> 本日の目的
> 本日の目的は十七条の憲法を提案しますので、承認をお願いいたします。というのも、最近世の中がとても物騒になってきまして、みんなが天皇の言うことを聞いてくれなくなってきているのです。なぜかというと天皇の言うことを聞くというルールがないからなのです。そこで、今回は天皇の言うことを聞くことはもちろんのこと、日本人として何を大切にして生きていくべきかについてのルールを決めておくことで日本の人々がそれを守れば争い事もなく心穏やかに生きていけるのではないかと考えて今回提案します。つきましては、本日確定いただき、604年の4月3日に施行したいと考えております。
>
> 具体的な内容について
> 今回の内容ですが、17の項目に分けてルールを決めたいと考えています。17のルールですが、まず最初に3つの国の根本的なあり方を解いた後、14のルールで役人の組織や人間関係のあり方を決めたいと考えています。

（飛鳥時代のある日）

聖徳太子

ということでありまして、このたび十七条の憲法を制定しようと思うので、その素案を持ってまいりまして、まず課題ですが、現在の日本はとにかくとんでもなくみんな身勝手でして……

推古天皇

ちょっと、太子、太子、太子。長い！
何言ってっかわかんない。あのさ、結論から言ってくんない？
そもそもさ、これやる意味あんの？

え〜。っていうか、この前作るって言ったじゃないっすか。わかんないっすか？　え〜、もう。じゃ、わかりました。もう少し見やすくわかりやすい形でお持ちしますんで、ちょっと待っててくださいね。

太子さ〜、いつも細け〜んだよ。ざっくりしてくれよ。ある程度は任せるからさ〜。あたしは小野妹子から隋の話聞かなきゃいけなくて忙しいんだよ！　隋だよ、隋。頼むよ太子！

十七条の憲法 提案サマリ

課題	みんなやりたい放題	
原因	ルールがない	
解決策	ルールを作ってみんなに守ってもらう	
効果	素敵な国になる	
	Aパターン	Bパターン
解決策	**十七条作成**	百条作成
メリット	**比較的覚えやすい**	細かく統制できる
デメリット	**ざっくりとしたルール化**	覚えきれない、管理大変
期日	**604年4月3日**	606年5月6日
予算	**17万円**	100万円

（後日）

ということで、十七条の憲法の導入について提案します。まずは課題ですが、現状みんなやりたい放題です。原因はルールがないことですので、今回ルールを作って素敵な国にしたいと思います。

ちょっと、太子、太子、太子。わかりやすい！
いいじゃん！　この前と別人じゃん。どうしちゃったの？

あ、前田鎌利の本を読みました！
わかりやすくその通りにやったらめっちゃスッキリした資料になりました。資料だけじゃなくて、頭の中もスッキリした感じです！

へ〜。ちょっと、妹子にも読ませよう。

第1章
推古天皇の「いいから結論から話せ！」

推古天皇の「いいから結論から話せ！」

解説編

プレゼンター	聖徳太子
ターゲット	推古天皇
ゴール	十七条の憲法の承認を得る

　ビジネスシーンにおける社内プレゼンで管理職が**最も嫌がるのが長いプレゼン**です。言いたいことがたくさんあるのはわかりますが、起承転結で順番にその経緯を伝えられた日にはたまったものじゃありません。ことの経緯を一から十まで順番に聞かされても、その大半は意思決定に必要な情報ではない場合があります。**大事なのは結論から話すこと。**

　管理職を拘束して意思決定を求めるわけですから、限られた時間で決裁を勝ち取る準備をしておく必要があります。

　これは、総合型選抜方式の入試や、大学での発表などでも同様です。長い話を聞くのは、退屈なものです。

　プレゼンはあなたの物語を一方的に話してよいものではありません。決裁者が決裁する上で必要な情報をインプットし、さらに意思決定に必要と思われるデータや事柄の把握、担当者の見解などを聞いて意思決定に至るわけです。

　今回の推古天皇も一方的にだらだらと文字だらけの資料を見せられてうんざりといった感じでしたね。文字だらけにせず、なるべくシンプルに端的に1枚サマリーで概要を伝えてから、プレゼンの詳細に入っていくことが鉄則です。

　社内プレゼンの資料は

①サマリー：目次→課題→原因→解決策→効果
②質疑応答用の補足資料（アペンディックス）

の2つを用意しておいてください。

1

十七条の憲法の提案

本日の目的
本日の目的は十七条の憲法を提案しますので、承認をお願いいたします。というのも、最近世の中とても物騒になってきまして、みんなが天皇の言うことを聞いてくれなくなってきているのです。なぜかというと天皇の言うことを聞くというルールがないからなのです。そこで、今回は天皇の言うことを聞くことはもちろんのこと、日本人として何を大切にして生きていくべきかについてのルールを決めておくことで日本の人々がそれを守れば争い事もなく心穏やかに生きていけるのではないかと考えて今回提案します。つきましては、本日確定いただき、604年の4月3日に施行したいと考えております。

具体的な内容について
今回の内容ですが、17の項目に分けてルールを決めたいと考えています。17のルールですが、まず最初に3つの国の根本的なあり方を解いた後、14のルールで役人の組織や人間関係のあり方を決めたいと考えています。

悪い例
- ×サイズ4：3
- ×文字びっしり

2

十七条の憲法 提案サマリ

課題	みんなやりたい放題	
原因	ルールがない	
解決策	ルールを作ってみんなに守ってもらう	
効果	素敵な国になる	
	Aパターン	Bパターン
解決策	**十七条作成**	百条作成
メリット	**比較的覚えやすい**	細かく統制できる
デメリット	**ざっくりとしたルール化**	覚えきれない、管理大変
期日	**604年4月3日**	606年5月6日
予算	**17万円**	100万円

よい例
- ◎サイズ16：9
- ◎項目分け
- ◎メリハリあるフォント
- ◎推奨は色枠で強調

第1章
推古天皇の「いいから結論から話せ！」

推古天皇の「いいから結論から話せ！」

テクニック編

1 要点を押さえた「1枚サマリー」

　最初のテクニックは、1枚サマリーです。最初に1枚サマリーがあるとわかりやすく結論が書かれているため、**短時間で理解でき、意思決定への思考の筋道が出来上がります。**

　案件によって項目は変わるものの、以下のフォーマットを推奨しています。

十七条の憲法 提案サマリ		
課題	みんなやりたい放題	
原因	ルールがない	
解決策	ルールを作ってみんなに守ってもらう	
効果	素敵な国になる	
	Aパターン	Bパターン
解決策	**十七条作成**	百条作成
メリット	**比較的覚えやすい**	細かく統制できる
デメリット	**ざっくりとしたルール化**	覚えきれない、管理大変
期日	**604年4月3日**	606年5月6日
予算	**17万円**	100万円

　左に項目、右に概要、上段には課題→原因→解決策→効果を記入しています。下段には解決策の案を記載して、推奨案を赤枠で囲って強調し、フォントも太字にして、視線をAパターンに誘導しています。

　さらに、短い時間で理解していただけるように期日と予算の数字は強調してフォントサイズを大きめにしました。

2 選択肢を用意して、意思決定を促す

　プレゼンは、いかに相手に意思決定させるかがポイントです。決めてもらえなければ説明や議論だけで終わってしまい、結局「また今度」となってアクションにつながりません。また案が1つだけだと、決裁者に「他にないの？」と聞

44

かれたり、他のアイデアを出し合う「アイデア会議」になったりして、その日は決まりません。

　決裁を勝ち取るには案を1つだけ出すのではなく、複数案提示して推奨案を明確にしましょう。それによって「決裁」が「採択」に変わります。ただし、選択肢は多くても3つまで。4つ以上になると「もっと絞ってこい！」という叱責を受けることになってしまいます。

　人間は選択肢が増えすぎると意思決定しづらくなるという傾向が研究によって明らかにされています。「ジャムの法則」というもので、コロンビア大学のシーナ・アイエンガー教授が提唱した「決定回避の法則」とも言われます。

　プレゼンで何かを提案する際には選択肢を増やすだけでなく、**必ず推奨案にマークをつける**などして強調してください。

　決裁者は決めることはできても実行はできません。あくまで実行するのはみなさんです。相手にどちらかを決めてもらうのではなく、「私が最後までやり切りたいのはこちらの案です！　なぜなら○○だからです。ですのでこの件は私に任せてください！」という意思表示が重要なのです。

3　スライドサイズは「16：9」に

　近年、在宅勤務が増え、オンラインでのミーティングが一般的になりました。紙で印刷をしなくなったため、資料共有はデータでのやり取りをすることが当たり前になっています。そんな中でPCやタブレット、スマホの画面サイズにピッタリと収まるサイズとして、16：9が主流となってきました。

　16：9はハイビジョンサイズで、見ている人の感情を動かしやすい特徴があります。

社内でサイズを標準化しよう

　以前、私が所属していたソフトバンクで孫正義社長（現会長）のプレゼン資料を担当した時は、全て16：9のサイズで作成していました。孫さんのプレゼンする相手は1対1というよりも、株主総会や不特定多数の人へメッセージを

届けるケースが多かったため、より多くの方々の感情を動かすことを意識して作成していました。それもあり、**ソフトバンクでは、16：9を通常のプレゼン資料のサイズに採用することにしました。**これによって、ある人が作成した資料を一部使用する場合にも、修正する手間が大幅に削減されることになります。**企業内でプレゼン資料のサイズを統一すると、生産性の向上や作業の効率化にもつながります。**

4 企業文化に合わせたチューニング

プレゼン資料のフォーマットは企業によって異なります。企業の資料は大きく分けて以下の3つのパターンのいずれかになります。

	企業例	メリット	デメリット
A3で1枚	トヨタなど	全体を把握しやすい 強調されたところだけ読めばよい	細かくなりがち 詰め込みが多い 文字が小さい
ワードなど	Amazonなど	資料の説明時間がない（黙読） 文章で理解	感情が動かせない 論理的な文章力が必要
パワーポイントなど	ソフトバンクなど	複数枚で内容の説明が可能 感情を動かすことが可能	企業によっては文字や枚数が多いところもある

トヨタのプレゼン作法

トヨタではA3サイズ1枚に全てをまとめるプレゼン資料をメインとしていましたが、私がプレゼンの講義をさせていただく機会もあり、昨今ではパワーポイントを使用することも日常化してきています。ただ、かなりの情報量を詰め込みたくなってしまうため、結果的に文字が小さくなる傾向は否めません。**いかに伝えたいポイントを強調するか、情報量を減らしていくかが課題**となります。よくいただくご相談に、「どこを削ればいいのかわからない」「どれくらい強調していいかわからない」といった声が寄せられます。改善策は、**キーとなるメッセージが接続詞でつながってストーリーになっていること。**全体でも

3分くらいで読みきれるものにするようにとお伝えしています。

ジェフ・ベゾスはパワーポイントがお嫌い？

　Amazonでは創業者のジェフ・ベゾスがパワーポイントを嫌っていたこともあり、社内ではワードで書かれた資料を1枚もしくは6枚でおさめるスタイルが企業文化です。プレゼンする内容によって使い分ける必要がありますので、ワードでまとめるスキルとプレゼンスキルの両方を磨いていく必要があります。

官公庁の資料は例外

　最後にパワーポイントを使用する企業ですが、こちらは企業によって千差万別です。これまで1,000社以上の企業と仕事をさせていただきましたが、1枚のスライドを文字で埋め尽くしたプレゼン資料で説明されるところもあれば、デザイン重視でワンフレーズだけで紙芝居をされる企業まで、用途や企業の文化によってさまざまなスタイルが存在しています。

　文字が多い典型的な例は官公庁の資料です。官公庁が作成する資料はプレゼン資料ではなく、説明資料や配布資料ですから情報量が多くなって当たり前。とはいえ、短い時間でも結論が見やすくなるような工夫が必要になります。

　企業でも同様に**老舗の大企業や決裁者が40代後半〜60代だと、文字を詰め込む傾向が見られます。**これはこれまでのビジネスの経験上、情報量が多い方が安心できたり、信頼が持てたりするからです。**しかし、情報量が多すぎるのも問題。**プレゼンの途中で脱線してしまい、結局時間がなくなって決裁が勝ち取れなかったという経験もあるかと思います。情報は適度な量で、短時間でわかるような工夫がされていることが重要になってきます。

推古天皇の「いいから結論から話せ！」 ポイント

- ✓ 社内プレゼンは1枚サマリーを準備する
- ✓ 複数案の中から推奨案を提示する
- ✓ スライドサイズは16:9がオススメ
- ✓ 企業文化に合わせてチューニングを

第2章

聖武天皇の「みんな！オラに力を！」

もしも
聖武天皇が大仏建立の
クラウドファンディングをしたら

プレゼンター	聖武天皇
ターゲット	庶民の皆様
ゴール	大仏建立のお手伝いをしてもらう

オス！オラ
聖武天皇！

聖武天皇

第2章
聖武天皇の「みんな！オラに力を！」

1

聖武天皇

オス！　オラ、聖武天皇！　世の中をもっと元気にするために、今回みんなで大仏（盧舎那仏）を作ろうっていう提案をするぜ！

2

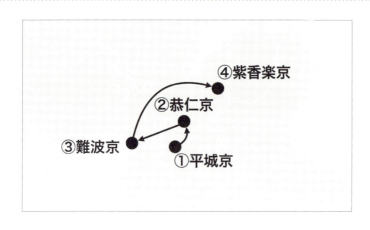

これまで、疫病があったり反乱があったりで世の中不安でいっぱいだったから、いろんなところに都を移したんだけれど、なんかパッとしなかったよなぁ～。

3

 そこで、今回はみんなの不安を吹き飛ばすために、とにかくめっちゃ大きな大仏を作ろうと考えたぞ！ 題して、
「盧舎那仏はあなたを救う!! Since743」

4

 中国では巨大な盧舎那仏を作って世の中が平和になったんだって。だから、日本でもめっちゃでかい大仏を作って、とてつもなく平和な国にしようと思ったんだ！

必要なもの

人員	250〜260万人
材料	150,000貫（562,500kg）
期間	752年完成予定（期間10年）

 具体的には、必要人員のべ250万人。銅、錫、金、水銀など150,000貫（562,500kg）。完成予定752年（期間10年）でやるぜ！

 みんな！　ぜひ、オラに力を貸してくれよな！

7

 クラウドファンディングの仕組みはみんなが手伝ってくれたら大仏が出来上がる！　手伝ってくれたみんなにはお返しがあるぜ！　なんと一生タダで大仏に会えて、ご加護ももらい放題なんだぜ！

8

 今回プロジェクトに賛同している、いま全国で大人気のお坊さんでみんなのカリスマ、行基さんにコメントをもらったぜ！
「大地よ、海よ、そして生きているすべてのみんな……、聖武天皇にほんのちょっとずつだけ材料と労働力を分けてくれ……！」

9

みんなだけじゃなくて、オラたちも土を運ぶし木材も運ぶからな！　一緒に作っていこうぜー！

10

ちなみに、「盧舎那仏」とは「光明があまねく照らす」という意味が含まれているんだぜ！

11

 ぜひ、オラに力を！！

12

まぶしいくらいの
安心の未来へ！

 まぶしいくらいの安心の未来へ！

第 2 章
聖武天皇の「みんな！オラに力を！」

聖武天皇の「みんな！オラに力を！」 解説編

プレゼンター	聖武天皇
ターゲット	庶民の皆様
ゴール	大仏建立のお手伝いをしてもらう

　さて、奈良時代。聖武天皇が大仏建立に向けて、クラウドファンディングを行うという設定です。当時は広く国民からその労働力や資源を求め、工事では聖武天皇や光明皇后自らがその建設に従事したと言われています。そんな聖武天皇によるクラファンのプレゼン。これまでに何度も遷都した経緯もあり、国民は聖武天皇に対して不信感でいっぱいです。そんな不信感を払拭する手法として、行基からのコメントを掲載するという見せ方にしました。

　最終的に相手に意思決定を促す際に重要になってくるのは、未来の解像度をいかに上げるかです。私がこれまでご一緒させていただいた企業の中で、圧倒的に上手なのがジャパネット。ジャパネットではたった90秒のCMで掃除機が飛ぶように売れるのです。

　なぜそんなに売れるのか？　その秘訣は、**未来の解像度の高さ**にあります。購入者のセグメントを明確にし、ペルソナを設定して、その方々の日常を想像し、ありありと映像で見せています。

　重い掃除機を持って2階まで上り下りをする老夫婦。外に停めてある車のシートを掃除しようとすると掃除機のケーブルが足りず、延長コードを繋ぎます。そこに軽量でワイヤレスの掃除機を使用しているシーンが映し出され、キラーフレーズとして、いま使っている掃除機を無償で下取りすることを提示します。**このように未来の情景を解像度高く伝えられると、人は行動に移したくなるのです。**

　さて、今回の聖武天皇はどのような未来像の伝え方で民衆の心を動かしたのでしょうか？

1

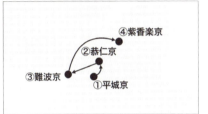

使用テクニック
- 13文字の法則（→ p.147）
- 帯透過

2

使用テクニック
- 遷都の経緯を地図で表現

3

使用テクニック
- 13文字の法則
- 帯透過

4

使用テクニック
- 全画面表示
  → これから行う大仏建立プロジェクトへの信頼感を醸成させる

第2章
聖武天皇の「みんな！ オラに力を！」

5

必要なもの	
人員	250〜260万人
材料	150,000貫 (562,500kg)
期間	752年完成予定（期間10年）

使用テクニック
▶ 図解化
▶ 数字を強調させて見やすく

6

オラに力を!!

使用テクニック
▶ キラーフレーズで聴衆に訴える

7

使用テクニック
▶ 図解化

8

使用テクニック
▶ 説得力を増す有識者のコメント

| 9 | 賛同者の声「あたいも木材運ぶわよ！」光明皇后 | 使用テクニック ▶ 協力者のコメント |

| 10 | 盧舎那仏＝あまねく照らす | 使用テクニック ▶ 公式法（→ p.190） |

| 11 | オラに力を!! | 使用テクニック ▶ セブンヒッツ理論（→ p.169）→キラーフレーズ再掲で印象づけ |

| 12 | まぶしいくらいの安心の未来へ！ | 使用テクニック ▶ 未来像のビジュアル化 |

聖武天皇の「みんな！ オラに力を！」 テクニック編

光明皇后

1　信頼を勝ち取る3つの技法

　信頼を勝ち取るのは難しいもの。その中で上司やクライアントからの信頼をどのように勝ち取るか。仕事を任せてもらうために信頼を勝ち取る3つの方法がありますのでご紹介します。

①信頼できる人のコメントを添える

　クライアントが信頼を寄せる人（関係者や著名人、有識者など）からのコメントがあると安心材料の1つとなります。今回は行基が登場していますが、庶民から絶大なる信頼を寄せられていた行基の言うことなら聞こうと、多くの人が耳を傾けてくれたのではないでしょうか。

②客観的な根拠を示す

　根拠が明確なデータは重要です。**なるべく最新のデータ（過去1年以内）と信頼できる出典。**官公庁や新聞などのデータが望ましいでしょう。
　また、社内プレゼンであれば企業内のデータがあると思います。こちらも傾向分析や経年で提示することで根拠となるデータとなり得ます。

③クライアントの声

　対外的なところでは、**やはりクライアントの声に勝るものはないでしょう。**使用した方の感想やお礼のコメントなどです。最近では、クライアントの声を動画にして、ホームページやSNSで展開して届ける企業も見られます。

2　「帯透過」で見やすくする

　メッセージを見せる際にバックの写真を全て透過させるとしっかり見せることができます。しかし、せっかく高画質の画像を使っても全透過させてしまうと感情を動かすことが難しくなります。そこで、**メッセージのところだけを透過させる帯透過**を私はおすすめしています。

　帯透過とは、図形の長方形を横に伸ばして透過させて薄くし、その上にメッセージを重ねる手法です。

　帯透過にすることによってしっかりとメッセージが伝わるものになります。今回のクラウドファンディングの帯透過は白色を透過させましたが、企業によってはコーポレートカラーを透過させているものもあります。

3　視覚に訴える図解　8つの型

　初めて聞いた方にはわかりづらい用語や概念は図解で表現すると親切です。今回は、クラウドファンディングを画像と矢印で表してみました。図解の8パターンを1つずつ見ていきましょう。

① □→□型（基本形）

東京→大阪のように矢印でつないで表現をするものです。図解の基本形です。

② マトリックス型

メリットデメリットやSWOT分析などで使用する図解です。

③ 時系列型

時系列で表現する場合は視線の動きを意識して左から右へ配置するようにしましょう。

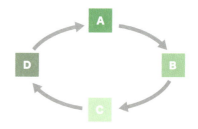

④ サイクル型

PDCAや春夏秋冬など循環型で表現する際に使用しましょう。

⑤ サテライト型

　ステークホルダー（利害関係者）との関係性を表現する際に使用します。

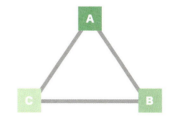

⑥ ロジックツリー型

　論理的に整理して抜け漏れなくダブりなく表現することが可能です。

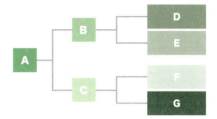

⑦ グラフ型

　グラフで定量的に表現して説得力を増します。

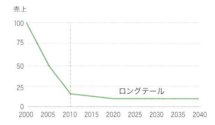

⑧ ポジショニング型

　縦軸と横軸で4象限に区切って該当するところにプロットします。どういった軸で切るかがポイントになります。

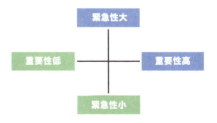

聖武天皇の「みんな！ オラに力を！」 ポイント

- ✓ 信頼を勝ち取る方法を駆使する
- ✓ 帯透過を使って感情を動かす
- ✓ 図解8パターンを使いこなそう

　　①□→□型（基本形）　⑤サテライト型
　　②マトリックス型　　　⑥ロジックツリー型
　　③時系列型　　　　　　⑦グラフ型
　　④サイクル型　　　　　⑧ポジショニング型

COLUMN ①
プレゼン資料のつくり方

1 いきなりパワーポイントを開いてはいけない

　プレゼン資料を作成し始める時に、**一番やってはいけないことが、パワーポイントなどのソフトを開いていきなりスライドを作成し始めること**です。

　慣れている方はすぐに作成できるかもしれませんが、いきなり作成し始めると後で追加・修正するのがとても面倒になり、結果的には納得がいかないプレゼンになることもしばしば。

　そこで、**おすすめしているのが、ブレストシート（設計図）の作成**です。

ブレストシート

	結論	根拠・データ	考察	ビジュアル
課題				
原因				
解決策				
効果				

　課題→原因→解決策→効果の順番で縦に配置し、それぞれの結論、根拠となるロジックとそこに導かれるデータ、そこからの考察、そして具体的なビジュアルのイメージを書いていきます。あくまでブレインストーミングですので、自由に記載してください。

コラム
プレゼンのつくり方

　個人で進めてもよいアイデアが出ないことや考察が深まらないこともあるため、**複数人でブレストシートを作成することをおすすめ**します。ただし、人数は3人まで。大人数になると時間内にまとめることが難しくなります。

ブレストシート例：薩長同盟

	結論	根拠・データ	考察	ビジュアル
課題	・薩長の仲が悪い ・徳川幕府に長州が征伐される		犬猿の仲→比喩法（水と油の写真）	
原因	誤解の根源と過去の遺恨により薩摩と長州は仲が悪い	文久3年(1863) 薩摩藩と会津藩→長州藩を京都から追放 元治元年(1864) 禁門の変で長州藩は朝敵へ →長州窮地へ	犬猿の仲でいることのメリデメを図解できます	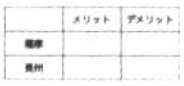
解決策	土佐藩の龍馬が間に入って薩摩藩と長州藩の間に入り同盟することを提案（6つの同盟項目）	日本初の貿易会社「亀山社中」を通して薩摩藩から武器を買い長州藩へ、長州藩からお米を買い薩摩藩へ、双方仲良くなり薩長同盟の布石へ	・6つの項目→めくり効果 ・混ぜるのに食器用洗剤で混ざる →食器用洗剤＝亀山社中or坂本龍馬	
効果	早期の倒幕		未来像─倒幕によって世界に対抗できる日本を創ることで日本を世界に誇れる国にすることを呼びかける	

　ブレストシートの作成は30分を目安にしましょう。長時間かけても大差ありません。短い時間でまずは作成してみることを習慣づけるとプレゼンの資料作成に時間を要さなくなります。
　上図は、薩長同盟プレゼンのブレストシートになります。このようにそれぞれのパートでまずは記入してみます。全て埋まらなくてもよいので、時間を決めて作成してみましょう。このブレストシートは手書きでも構いません。ホワイトボードやノートにフリーハンドで書いて、それを元にスライドを作成していきましょう。

2　シナリオシートをつくろう

　ブレストシートを作成したら、次はシナリオの作成です。
　1スライド1メッセージで、まずは一度、どのようなプレゼンになりそうか目安を作ってみます。

　その際に、**スライドとスライドの繋ぎ目を接続詞でつながるように言葉を想定しながら、**1メッセージのスライドを作成してみましょう。

　　現状は〜　→　なぜなら〜　→　だから〜　→　すると〜

といった感じで接続詞を挟みながらシナリオを作成しましょう。

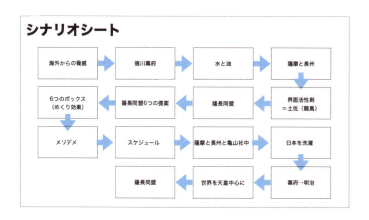

　このシナリオシートも30分で作成することを目安に進めてみてください。
　この後は実際に作成に入りますが、このシナリオの枚数×10分を目安にして作成を始めます。
　目安の時間を決めずに作成を始めてしまうと、1日中資料作成をしても終わらないものになってしまいます。5割くらいの出来栄えでよいのでまずはざっくり作成していきましょう。細かな部分はあとから調整していきます。
　今回ですと全部で15枚ですので、150分程度でさっと作っていきます。

コラム
プレゼンのつくり方

3　7割くらいの完成度で上司に確認を

　プレゼン資料は作成後に上司にチェックしてもらうことが多いでしょう。その際に、自分で完璧にしてから持って行こうとすると趣旨が異なっていたり、方向性が変わってしまっていたりして、作成した資料が無駄に終わることもしばしば。まずは**7割くらいの完成度で確認してもらうようにしましょう。**

　私の場合は、ブレストシートの段階で確認してもらい、次にシナリオシートで大まかに流れを見てもらった上で、最終の作成に入っていきました。
　完成後に全体が否定されないように、かつ上司の意向を反映させる余地を残すことで、決裁を勝ち取れるプレゼン資料になります。
　7割の完成度の基準は上司が大まかに方向性を確認できる程度のもので構いません。その後も上司のチェックを重ねて、最終版へと仕上げていきます。

第3章

北条政子の「新！いざ鎌倉」

もしも
北条政子が有名な演説
「頼朝公のご恩は山よりも高く海よりも深い」
を封印してプレゼンしたら

プレゼンター	北条政子
ターゲット	御家人の皆様
ゴール	承久の乱に御家人全員で立ち向かう

第3章
北条政子の「新！いざ鎌倉」

1

北条政子

後鳥羽上皇が現在の執権である北条義時を討てとの院宣を出しました。ここにいる御家人の皆さんの中にも、それに従おうとしている者もおるでしょう。

2

源頼朝6つの御恩
1 2 3
4 5 6

でも、ちょっと待ってほしいのです。思い出してください。頼朝公が鎌倉幕府を開いてから、みなさんはさまざまな面で暮らしもよくなったのを覚えてますか？　頼朝公6つの御恩。

3

 まず1つ目。めっちゃ役職あげてもらいましたよね。関東の田舎侍から全国を統一する武士としての地位にまで上がるなんてとんでもないことです！

4

 そして、2つ目はめっちゃ土地もらいましたよね！　みなさんの今ある土地は頼朝公からの賜り物。土地がないのは食べていけないのも同然です！

5

 3つ目は、めっちゃ馬もらいましたよね！ 馬は戦場には必要不可欠。何か鎌倉で事件が起きた時に誰よりも早く鎌倉に来れるようにとみなさまに最高級の馬をお送りしました！ その馬は何のためにあるんでしょうか？

6

 そして4つ目は給料アップしましたよね！
それまでは微々たるものでしたが、今は衣食住に困ることなんかなくなったではありませんか！

 5つ目は、武器もいっぱいもらいましたよね！
武士にとって武器は必需品。その中でも最高級の武器をみなさんは頼朝公から授かっているはず！

 そして、最後にめっちゃおごってもらいましたよね！
散々飲み食いしても、朝まで遊んでも全部頼朝公がお支払いされました。

第3章
北条政子の「新！いざ鎌倉」

9

これ以外にもたくさんありますが、どうですか？　思い出しましたか？　こんなにやってくれた頼朝公がつくったのが、この鎌倉幕府です。

10

鎌倉幕府があるからあなたたちが居心地よく暮らせるのよ。鎌倉幕府がなくなったら、今の暮らしなんかどうなるかわかんないのよ。

11

 大事なのは鎌倉幕府を、武士の世の中を存続させること。
その武士の世の中をひっくり返して、あんたたちどうすんの？

12

 この鶴岡八幡宮を、この鎌倉の風景を末代まで残しましょう！
あなたたちの子や孫の代まで残せるかどうかはあなた次第です！

第3章
北条政子の「新！いざ鎌倉」

北条政子の「新！いざ鎌倉」 解説編

プレゼンター	北条政子
ターゲット	御家人の皆様
ゴール	承久の乱に御家人全員で立ち向かう

　第3章では、北条政子が承久の乱の際に行ったとされている名演説「……すべては頼朝様のお陰。その恩は山よりも高く、海よりも深いのです……」というフレーズを使わずに御家人たちにプレゼンしたならば、どのような手法で伝えたのかを想定してみました。

　相手の感情を動かせるかどうかは、いかに自分ごとにさせることができるかどうかにかかっています。しかも不特定多数の人々に向けて伝える場合、その体験なども個別には異なることが想定されます。そこで、少しでも多くの人たちに自分ごととして受け止めてもらえるように、今回はなるべく多くの事柄をお伝えする際のテクニックを盛り込んでみました。

・めくり効果
・全画面効果
・多画像効果

　当時はこのようなツールがないので、口頭で伝えるのがメインでした。
　間の取り方、声の大きさ、スピード、メリハリなど、どれ1つ欠けても伝わらなかった＝行動変容してくれなかったのではないかと思います。
　どのような言葉を選択してどのように伝えるかは重要な要素です。とはいえ、話すのが苦手な方もいれば緊張して声が出ないという方もよくいます。
　緊張しがちな方は、メラビアンの法則（→p.192）を活用してみましょう。話すのが苦手な方も安心してプレゼンに臨んでいただけます。
　では、今回のプレゼンを見ていきましょう。

1

院宣

使用テクニック
▶ シルエットだけのメッセージ
　→現状の厳しさを
　　想起させる

2

使用テクニック
▶ 多画像効果
▶ めくり効果
　→1枚ずつアニメーション
　　でめくる

3

使用テクニック
▶ めくり効果
▶ 上にキーメッセージ
▶ 下に画像

4

使用テクニック
▶ めくり効果
▶ 上にキーメッセージ
▶ 下に画像

第3章
北条政子の「新！いざ鎌倉」

5

使用テクニック
- ▶ めくり効果
- ▶ 上にキーメッセージ
- ▶ 下に画像

6

使用テクニック
- ▶ めくり効果
- ▶ 上にキーメッセージ
- ▶ 下に画像

7

使用テクニック
- ▶ めくり効果
- ▶ 上にキーメッセージ
- ▶ 下に画像

8

使用テクニック
- ▶ めくり効果
- ▶ 上にキーメッセージ
- ▶ 下に画像

9

使用テクニック

▶ 頼朝公の画像を見せる
　→本人への敬慕の念を
　　想起させる

10

使用テクニック

▶ 全画面表示
　→没入感・臨場感を演出
　→昼の景色は、しっかりと
　　残していこうという決意

11

使用テクニック

▶ 全画面表示
　→没入感・臨場感を演出
　→夜の景色は、幽玄で神がかっ
　　た情景。大切にしなければい
　　けないと使命感を増幅させる

12

使用テクニック

▶ 多画像効果
　→鎌倉のよいところをたくさんち
　　りばめることにより、大きく趣
　　旨がずれず、かつ多くの人を
　　自分ごととして引き寄せる

第3章
北条政子の「新！いざ鎌倉」

北条政子の「新！いざ鎌倉」 テクニック編

1 「めくり効果」でワクワク感を演出する

　本来であれば、第5章で紹介する「マジックナンバー3」で3つに絞って伝えた方が、印象を残して相手の記憶に留めることや意識させることが容易になりますが、3つに絞れない時は、この「めくり効果」を使います。

　めくり効果は1つずつアニメーションのアウト（消す）という動きを用いて、重ねてある図形などを消す方法です。
　たくさんのことを一度に見せられるとネタバレしてしまいますし、最初にオチを全て見てしまったら後は聞かなくなってしまうのが人間の本能です。

フェードとワイプを使いこなそう

　まず、アニメーションはフェードもしくはワイプで、重ねてある上の数字のパーツを消すようにします。フェードは動きがゆっくりしているため、アニメーションの中でも有効です。視線の移動もないため、聞く人の立場に立ったアニメーションです。
　重要なのは、見ている人の立場に立ってアニメーションを使うことです。
　さて、このめくり効果ですが、少ない場合は2つでも使用します。ネタバレを防ぎ相手の興味をずっと引っ張ることができます。

フェード：ゆっくり消えていく

ワイプ：左から右へ消すようにする

※ワイプのアニメーションは最初「下から上」の向きになっています。アニメーションの向きを「左から右」へ変えるようにしましょう。

2 「全画面」で心を揺さぶる

　感情を動かすために、写真はスライド目一杯の全画面にしましょう。写真のサイズが合わなければ、拡大させて使用するようにします。

OK　　　　　　　　　　　　　　　　　　**NG**

全画面で余白が残っていない

余白が残ると余白部分がノイズ

　余白があると、そこに目が行ってしまいます。作成する時、スライドから少しはみ出すくらいのサイズにすると、確実に全画面になります。
　スライドが横ですから、そもそも選択する写真が縦長のものだと上手くスライドにハマりません。**写真を選ぶ時から横向きの写真を選択しましょう。**
　さて、この写真を選ぶのにとても時間をかける方がいます。こだわりたい気持ちはわかりますが、使用するのは1枚だけですから、まずは1枚選んでスライドにはめてみてください。その後、全体を見直す時やプレゼンの練習をする際に違和感があれば差し替えると、工数が減って、効率的です。

3 「多画像効果」を活用して、印象に残す

　多画像効果は画像をたくさん並べた表現方法です。不特定多数の人に自分ごとにしてもらうためになるべく多数の画像を並べます。例えば今回使用した鎌倉の画像ですが、御家人にとって大切なものは人それぞれでしょう。鶴岡八幡宮、御神木、竹林、大仏、紫陽花……。それぞれの大切なものや守りたいものは異なります。だからこそ、より多くの人々に自分ごとにしてもらうために、今回は8枚の写真を載せました。

　ただし、多ければ多いほどよいというわけではありません。20秒程度で全てを把握できるくらいの枚数にしてください。おすすめは16:9のスライドサイズであれば8枚。4:3であれば6枚を上下に分けて配置させます。

キーメッセージを中央に

真ん中にはキーメッセージを入れるようにしましょう。

　上下に並べる時に、それぞれの写真を揃えることを意識してください。きれいに揃っていないと、見ている方は気になってしまいます。

　真ん中にキーメッセージを入れず、さらに4枚の写真を追加する方法も可能です。この場合は上手に画像を揃えるのが難しいので、次のような作成の仕方をおすすめしています。

①線を縦に3本、横に2本、線の太さを太め（10pt以上）で設定する
②それぞれの枠線で囲まれた中に写真を配置する
③写真を最背面にすることで線の下に写真が配置されスライド上に均等に写真が並ぶように見える

　このように多画像効果は多数の写真を用いることで感情を動かしますが、上のサンプルのように、人の場合はそれぞれの人の顔の向きや男性・女性、日本人・外国人など、伝えたい**ターゲットに合わせた人物写真を選択する**ようにしてください。海外向けの資料作成をする場合、外国人を多めに掲載するようにします。

　ターゲットが明確だと、誰に向けてどのような感情を持たせたいかも明確になるので、写真の選定は早くなります。

北条政子の「新！いざ鎌倉」 ポイント

- ✓ めくり効果を使ってみよう
- ✓ 全画面の時は余白を残さない
- ✓ 多画像効果の写真数は
    - 16:9　8枚まで
    - 4:3　6枚まで
- ✓ ターゲットを明確にしてから写真を探す
- ✓ 写真選びは時間をかけずに

「頼朝公を忘れんなよ！」

北条政子

第4章

羽柴秀吉の準備万端!!
清洲会議プレゼン

もしも
羽柴秀吉が質疑応答の資料を
バッチリ用意していたら

プレゼンター	羽柴秀吉
ターゲット	柴田勝家 ほか
ゴール	織田家家督相続で優位に立つ

第4章
羽柴秀吉の準備万端!!清洲会議プレゼン

1

羽柴秀吉

本日の清洲会議はこの4人と三法師様の5人で行いたいと思います。今回の会議のゴールは投影しておりますように、織田家の後継者の決定です。なお、次男の織田信雄様、三男の織田信孝様からは委任状をいただいております。

2

後継者	属性	フォロー	メリット	デメリット
織田信孝	信長の三男	柴田勝家	山崎の戦い総大将	血筋がイマイチ →母親が側室
織田秀信 (三法師)	信忠の息子 …信長の孫	羽柴秀吉	正当な後継者 信忠(長男)に家督を譲っていたため	まだ3歳 →フォローつけます！

織田家の後継者（案）サマリー

本日のサマリーはこちらです。今回は柴田殿の推挙する織田信孝様と当方が推挙する三法師様（後の織田秀信）のどちらが相応しいかについての議論です。

結論から申し上げて、間違いなく三法師様がおすすめです！今回亡くなられた長男・信忠（のぶただ）様のご子息ですから、当然後継者に一番相応しいです！

柴田勝家

待て待て！　三法師様はまだ3歳！　後継者には時期尚早！ここは今回の山崎の戦いで総大将も務められた三男の信孝様しかおらん！

ちょっと待ってください。
こちらの補足資料をご覧ください。

3

織田信長様のお言葉

天正3年11月28日に織田家の家督は長男の信忠に譲った。
もし、信忠に何かあれば、信忠の子孫にせよ。

天正3年に信長公は長男の信忠様に家督を相続されており、織田家の正式な後継者とされました。そして、何かあった時はその子孫にするようにお話しされていましたよ。

87

第4章
羽柴秀吉の準備万端!! 清洲会議プレゼン

待て待て！ 家老の筆頭格であるワシが言うのじゃから、ここは織田家の後継者はやはり三男の信孝様じゃ。皆からの信頼も厚いぞ！

本能寺の変の後で何をしたのか？

すぐに信長様の敵討！
光秀を成敗！

北陸地方攻略中で
参加できず

柴田殿、お待ちくださいませ。本能寺の変の後、貴殿は何をなさいましたか？
こちらの補足資料をご覧ください。当方は知らせを聞き、即刻毛利との和睦を結び、すぐさま戻って謀反人の明智光秀を成敗いたしました。
これ以上、信長公への恩義に報いることがありましょうか？
柴田殿は北陸征伐中でそのまま北陸にいらっしゃったために、この弔い合戦には参加していないではありませんか。
今回の件については、序列よりも実際に何を成したかが重要だと考えます。

むむむ……。

他に異論がないようであれば、当方の掲げた案で進めたいと思います。後継者は三法師様で参りたいと存じますが、ご列席の皆様いかがでしょうか？

 むむむ……。

 確かに、羽柴殿のお話には説得力がありますなぁ。

丹羽長秀

 私は最初から三法師様がよいと思っておりました！

池田恒興

 では、皆様、ご異論がなければこれにて後継者は三法師様で参りたいと思います！
よろしいですかな？

 は〜い！

三法師

第4章
羽柴秀吉の準備万端!! 清洲会議プレゼン

羽柴秀吉の準備万端!! 清洲会議プレゼン 解説編

プレゼンター	羽柴秀吉
ターゲット	柴田勝家 ほか
ゴール	織田家家督相続で優位に立つ

　会議で使うプレゼン資料だけをしっかり作り込んでも上手くいかなかった経験をお持ちの方も多いと思います。そう、結果が出ないことの方が多いのです。

　それは、**プレゼン資料にばかり力を入れてしまい、本来重要な会議の準備、質疑応答になった時の準備が不十分だからにほかなりません。**

　そこで、本章では相手のことを理解した上で、自分が望む結果に向けてどのような準備をしておけばよいかについてお伝えします。ポイントは、3つ。

①会議前の準備
②会議中の準備
③会議後の対応

　資料の作成も必要ですが、決裁者との信頼関係がどれくらい高まっているのか？　お互いのことをよく知っているか？　は無視できません。これらを把握した上でプレゼンに臨むことができれば、誰もが百戦百勝間違いありません。

　今回は議事録の準備、事前展開、本編スライドは1枚サマリーで対応し、その補足資料に有識者や当事者の意向、自分たちのポジションなどを図解したものを用意しました。プレゼン資料は会議の中で使われるツールの1つです。したがって、**ツールばかり磨いても、勝てるプレゼンターにはなり得ないのです。**

　想定される質問や意見に対する答えを想定し、それに対応できるデータや資料を準備しておけば、議論の正当性が担保され、相手を説得できるプレゼンに近づきます。

　では、ここで使ったテクニックを見ていきましょう。

1

織田家後継者決定会議
- <日時>
  - 天正10年6月27日
- <参加者>
  - 羽柴秀吉 with 三法師
  - 柴田勝家
  - 丹羽長秀
  - 池田恒興
- <会議目的>
  - 織田家の後継者を決める

使用テクニック
- ▶ 1枚目は、アジェンダ
  →日付やゴールを記載

2

織田家の後継者（案）サマリー

後継者	属性	フォロー	メリット	デメリット
織田信孝	信長の三男	柴田勝家	山崎の戦い総大将	血筋がイマイチ（母親が側室）
織田秀信（三法師）	信忠の息子（信忠の息子）	羽柴秀吉	正当な後継者（生前に信長に家督を譲っていたため）	また3歳（フォローつけます！）

使用テクニック
- ▶ 1枚サマリー
- ▶ 推奨は色枠で強調

3

織田信長様のお言葉

天正3年11月28日に織田家の家督は長男の信忠に譲った。
もし、信忠に何かあれば、信忠の子孫にせよ。

使用テクニック
- ▶ 補足資料
  →信頼感を持たせる信長の言葉

4

本能寺の変の後で何をしたのか？

すぐに信長様の敵討！光秀を成敗！	北陸地方攻略中で参加できず

使用テクニック
- ▶ 補足資料
  →想定反論に対する準備を念入りに
- ▶ シグナル効果（→ p.167）
- ▶ 表形式

羽柴秀吉の準備万端!! 清洲会議プレゼン テクニック編

1 アジェンダの準備が成功の鍵

今回の清洲会議ではそもそも

・いつ
・誰が参加して
・何を決めるのか？

ゴール設定を最初にしています。これは会議の基本です。会議は、このようなアジェンダを明確にした上で開催しましょう。

結局何を決めたいのかわからないままスタートする会議は何も決まりません。最初にゴールを握った上で、相手と議論を行わなければ、それは会議とは言えないでしょう。

会議の主導権を自分で取る

今回は、秀吉が主導権を取って、アジェンダやサマリーも用意しています。完全に秀吉のペースで会議が進んでいますね。会議の主催者及び資料の作成者は優位にその会議を進めることができます。

ですから、**必ず会議の主催者となること。**
手間はかかりますが、その分自分たちの思った方向に議論をドライブしていくことも容易くなります。
このアジェンダはビジネスシーンでは事前に会議通知を関係者にメールで送ることからスタートします。メールで送る時点で、

・開催日時
・会場
・参加者（参加者にはそれぞれどういった見解を求めるのかを明記しておく）
・目的・ゴール
・会議のタイムライン
・当日の資料

が最低限明記されているとスムーズな会議進行が可能です。**大事なのはプレゼンを使い、その会議で必ず合意形成して、アクションを勝ち取ることです。**

2 差をつける補足資料の準備

今回は1枚サマリーを提示した後に柴田勝家との議論へと入っていきます。議論の際に主張をする上で重要なのが補足資料です。

ただひたすら感情的に物事を伝えるよりも、補足資料を用意してそちらを元に話した方が確実に説得力が増します。

今回ですと、信長公の話を元にした主張だから正当性があること、また、本能寺の変の後の織田信長の敵討ちとして明智光秀を討ち取るまでの秀吉と勝家のアクションの比較などを図解して示すことで、参加者にも説得力ある見解として受け止めてもらえるという設定にしました。この補足資料の準備が重要なのです。**ここでポイントなのは、プレゼンよりもディスカッションのウエイトが合意形成においては大きいことです。**

戦国時代は戦、現代は腹落ち

プレゼンは現状の情報共有です。それを踏まえて今後のアクションをどうするかを議論して決めていくわけですから、ある程度の情報量があれば意思決定に向けて双方の見解を述べて、それを補足し合うことに時間を割く必要があります。

史実では、この後、秀吉と勝家は戦をして、秀吉が天下統一に向けてまた一歩進んでいくことになりますが、ビジネスの世界では同じ社内で誰かを蹴落と

すよりは、双方で納得して事柄を進めていくことが重要です。

相手にも理解して納得してもらえるように、腹落ちする補足資料を準備しておきましょう。

3 相手のことを知る準備

議論をする上で決め手になるのは、相手のことをどれだけ知っているのか。

相手の立場で物事を考えるのはわかるのですが、なかなか相手の立場に立つのは難しいですよね。そこで参考となるのがハーマンモデルです。

考案者は、アメリカのネッド・ハーマン（1922〜1999）。彼がゼネラル・エレクトリック社の人材開発部門にいた時に、「社員1人ひとりの脳の個性を理解することで、ビジネスの発展に貢献したい」という思いから、「社員の思考の傾向」を数百人のサンプルから分析してモデルを構築しました。

このハーマンモデルのよいところは、4つのタイプで判断するため、複雑でなくシンプルで覚えやすいところです。

このモデルはポール・マクリーンの考案した「三位一体脳モデル」と、ロジャー・スペリーの「右脳左脳モデル」を組み合わせたものなので、**思考から発生する相手の言動や行動からどのタイプかが類推できます。**

この4パターンは右脳系か左脳系かの分類と大脳新皮質（理知的）か辺縁系（本能的）かの4つの分類で表されます。

①論理的

このゾーンは**論理的・分析的なアプローチを好み、数字やデータを重要視します。**淡々と話し、細かい指摘やデータを元に意思決定します。

②堅実的

緻密に計画を立てて実行するタイプで、最後までやり遂げる責任感の強い傾向があります。保守的で勤勉、スケジュールを気にするタイプです。

③独創的

このゾーンは**新鮮で未知な要素を求めます。**また全体的な視点を持ち、メタ

認知的な要素もあります。話題がコロコロ変わってしまったり、身振り手振りが大きかったり、例え話をやたらしたりします。時間にルーズな傾向もあります。

④感覚的

このゾーンの人は**精神的な面に影響を受けることが多いタイプです。**とても友好的でコミュニケーションを自分から行いますし、人の気持ちに寄り添うことも可能です。相槌がやたら多かったり、自らコミュニケーションを取ろうと積極的にアクションしたりします。

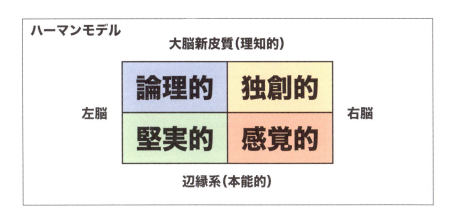

この４つのパターンをベースにして相手のことを知り、相手の立場に立って議論を進めるようにしましょう。

今回の清洲会議では、勝家は保守的で堅実的なタイプで設定し、秀吉は独創的でありながらも左脳的な傾向も持っている設定にして、ロジカルに根拠を用意して説明するようにしてみました。

実際のビジネスシーンでもぜひ、プレゼンで勝ちきる際の参考にしてみてください。

羽柴秀吉の準備万端!!
清洲会議プレゼン ポイント

- ✅ 会議に入る前にアジェンダを準備
- ✅ サマリーだけでなく補足資料も
- ✅ ハーマンモデルで相手のことを知ろう

> 準備をしても結果が出ないかもしれない。しかし、結果を出す人は必ず準備しているんじゃよ！

羽柴秀吉

第5章

暴れん坊将軍の「君の声が聞きたい」

もしも
徳川吉宗が目安箱設置を
広く庶民に訴えかけたら

プレゼンター	徳川吉宗
ターゲット	江戸庶民の皆さま
ゴール	目安箱にガンガン意見が入る

第 5 章
暴れん坊将軍の「君の声が聞きたい」

1

1700年初頭
未曾有の大災害

徳川吉宗

1700年の初頭。みなさん、大変でしたね。
未曾有の大災害が、突然われわれに降りかかってきました。

2

**1707年
宝永大地震**

**1707年
富士山
宝永大噴火**

**1716年
インフルエンザ
大流行**

大地震に、富士山の噴火。
そして、インフルエンザの大流行は記憶に新しいところです。
みなさんの大切な方も被害に遭われたかもしれません。

3

ごめんなさい。私は反省しています。
そんな未曾有の危機があったにもかかわらず、私は身勝手でした。

4

これまでとっても**暴れん坊**でした。。。

禁止されている馬の2人乗りから市民の方の生活を覗き見たり、タバコのポイ捨てや盗み、いじめ、袖の下の受け取りなど、まさに暴れん坊でございました。反省しております。

第5章
暴れん坊将軍の「君の声が聞きたい」

5

> そこで・・・

私は生まれ変わります。今後も起こるかもしれない未曾有の大災害に備えて、アクションを起こします！
そこで……。

6

> 新プロジェクト
> **君の声が聞きたい！！**

新プロジェクト
君の声が聞きたい！！

7

君の声が聞きたい！！
目安箱プロジェクト

目安箱プロジェクトです！

8

目安箱プロジェクト

いつでも　　誰でも　　何度でも

このプロジェクトは３つのポイントがあります！
いつでも入れられます！　誰でも投函が可能です！　そして、何度でもご利用可能です！

 例えば小石川に病院が欲しいというリクエストがあれば検討して設置します！ いざという時の備えはしっかりしておきます！

 みなさまの暮らしを脅かす天変地異は、全く起こらないという保証はありません。災害はいつどこで起こるかわからないのです！

11

新プロジェクト

君の声が聞きたい！！

ぜひ、あなたの声を聞かせてください！！
私が責任を持って全て受け止めて実行に移します！！

12

君の声が聞きたい！！

目安箱
プロジェクト

目安箱プロジェクト。
みなさまの投函をお待ちしております！

第5章
暴れん坊将軍の「君の声が聞きたい」

暴れん坊将軍の「君の声が聞きたい」 解説編

プレゼンター	徳川吉宗
ターゲット	江戸庶民の皆さま
ゴール	目安箱にガンガン意見が入る

　第5章では、日本のトップである将軍が江戸庶民の皆さんに直接訴えかけるという架空のシチュエーション。
　経営者による社員に対するその年の方針説明、株主総会で株主に決算内容をお話しするような状況が該当します。このような時に重要なのは、聴衆を惹きつけることであり、行動変容にどうつなげていくかです。
　さて、不特定多数の方にプレゼンを聞いてもらうのは非日常の出来事。お話を聞いてもらえるだろうかと不安になることがあると思います。
　ターゲットの性別・年代が多岐にわたり、セグメントにばらつきがあるので、誰に向けてメッセージを届けてよいかに悩んでしまいがち。プレゼンテーションの中でも難易度は高いと言えます。この不特定多数の方々にメッセージを届けるシチュエーションは、

①会議室やホールなどの大きな会場に集まっている人々に伝えるパターン
②オンラインで多数の受講者に対して一方的に伝えるパターン

の大きく分けて2種類があります。
そんな中で相手にいかに自分ごととして捉えてもらえるかが肝です。
不特定多数に対してプレゼンを行う際には、

つかみ→課題→原因→解決策→効果→つかみの再掲

といった型を用いるとよいでしょう。

		使用テクニック
1	1700年初頭 未曾有の大災害	▶ ネガティブイメージ ＝黒バック＋白文字 ＋明朝体
2	 1707年　1707年　1716年 宝永大地震　富士山　インフルエンザ 　　　　　宝永大噴火　大流行	▶ マジックナンバー3
3	ごめんなさい！！	▶ ネガティブイメージ ＝黒バック＋白文字 ＋明朝体 ▶ シンプル1行 →話に集中してもらう 意図を伝える
4	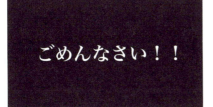	▶ 多画像効果 ▶ シグナル効果

第5章
暴れん坊将軍の「君の声が聞きたい」

5

そこで・・・

使用テクニック

▶ 接続詞のみのブリッジスライド
　→今までのネガティブな事柄から反転させる

※このような接続詞のみのスライドを「ブリッジスライド」（繋ぎのスライド）といいます。

6

新プロジェクト
君の声が聞きたい！！

使用テクニック

▶ キラーフレーズで聴衆に訴える

7

君の声が聞きたい！！

 目安箱
プロジェクト

使用テクニック

▶ プロジェクト名を強調

8

目安箱プロジェクト

いつでも　　誰でも　　何度でも

使用テクニック

▶ マジックナンバー3
▶ 口ずさみやすい語呂

9	例　小石川に**病院設立**　▼　いざという時の**備え**	使用テクニック ▶ 左ビジュアル右メッセージ
10	これから起こるかもしれない 未来の災害へ 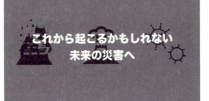	使用テクニック ▶ 未来像想起
11	新プロジェクト **君の声が聞きたい！！**	使用テクニック ▶ セブンヒッツ理論（→ p.169） 　→キラーフレーズ再掲で 　　印象づけ
12	君の声が聞きたい！！ **目安箱**プロジェクト	使用テクニック ▶ セブンヒッツ理論 　→キラーフレーズ再掲で 　　印象づけ

第 5 章
暴れん坊将軍の「君の声が聞きたい」

暴れん坊将軍の「君の声が聞きたい」 テクニック編

1　マジックナンバー3の法則

　人間の短期記憶で覚えられる上限は3つまでであると言われています。これをマジックナンバー3といいます。この法則には諸説あり、学者によっては5つや7つというものもありますが、実際に急に話をされて5つ以上を覚えておくことは困難です。ましてや通常のビジネスシーンにおいては、次々と担当が入れ替わってプレゼンを行うことが想定されます。その中で1つひとつのプレゼンについてその内容を記憶しておくのは至難の業です。
　<u>伝えたいことがあれば3つに絞るのは基本中の基本となります。</u>
　例えば1分間、自己紹介を行うことを想定すると、大半の方はたくさんの事柄を並べがちです。

- 仕事の話
- 趣味の話
- 家族の話
- この週末の話

といった具合にコンテンツが盛りだくさんになっていくと聞いている方はキャパオーバーで、内容を覚えきれなくなってしまいます。

世界は「3」でできている

　伝えたいことがあれば3つに絞る。
　これは企業のロゴや企業名においても同様です。
　ANA、JAL、IBM、NTTなどのようにアルファベット3字で表記する企業やトヨタ、ホンダ、ニコン、ソニー、のように3音の企業が多いのもそれが理由です。これらは記憶にもとどめやすく、口ずさみやすさも同様に担保できて

いるのです。

　他にも、三種の神器、三人寄れば文殊の知恵、上中下、松竹梅、金銀銅、心技体……。世界三大美女（クレオパトラ、楊貴妃、小野小町）や「うまい、やすい、はやい」（吉野家のキャッチコピー）。世界は「3」でできています。

　ビジネスシーンにおいて、何かを提案する時に根拠が1つや2つでは弱く感じ、4つや5つだと覚えづらい。それを回避する上で**3つの根拠を示すのは説得力が担保できますので、提案シーンにおいては積極的に活用していきましょう**。ただし、無理やり3つ用意するのは禁物です。根拠として弱いものを並べてしまうと信用を失うので気をつけましょう。

2　フォントとフォントサイズの選び方

　今回使用しているフォントは、ゴシック体と明朝体。いずれも効果的に使用しています。

　ゴシック体はどっしりと安定感のあるフォントですから、ポジティブな内容や安心感を与えたい時にうってつけ。逆に、課題感や危機感を感じさせたい場合には、明朝体を使用します。明朝体のフォントは横線が細いため、緊張感が感じられます。

ゴシック体　　　　　　明朝体

暴れん坊将軍　　　暴れん坊将軍

フォントサイズは16：9のスライドサイズの場合、キーメッセージとなるメインで伝えたい箇所のフォントサイズは50〜100の間で設定してください。4：3の場合はその半分の25〜50の範囲で設定しましょう。

フォントサイズ

25　暴れん坊将軍

50　**暴れん坊将軍**

100　**暴れん坊将軍**

フォントサイズで気をつけなければならないのは、

- 見ている人から読みやすいか？（可読性）
- 見た時すぐに認識できるか？（視認性）
- わかりやすいか？（判読性）

　これら3点がしっかりと担保できるフォントを選ぶとよいでしょう。また、強調する際に太字にする場合がありますが、太字にすると文字が潰れてしまうこともあります。太字にすることで視認性に影響がある場合は、太字にしないほうがよいでしょう。

3　自分ごとにさせる4つの「つかみ」

　不特定多数の人たちに興味関心を持たせるには、いかに自分ごとにさせるかが重要です。いわゆる「つかみ」と呼ばれるものです。
　漫才や落語はいきなりネタから入るのではなく、必ず何かしら「つかみ」となる話からスタートします。時事ネタであったり、天気の話であったり。これ

は営業の方がクライアントとの商談の際にいきなり本題から入るのではなく、「今日も暑いですね。」「素敵な社屋ですね。築何年くらいですか？」などといった会話から入るのと同じです。**初対面の人の第一印象は３～５秒で決まり、それを変えるには半年から数年かかる**といわれますから、最初の「つかみ」がプレゼンにおいていかに重要かということがおわかりいただけると思います。

　この「つかみ」ですが、おすすめの４パターンをご紹介します。この４パターンのうちどれかを使えば必ず相手は興味・関心を示してくれます。

①質問

　質問をされると、「自分はどうかな？」と考えますよね。ただし、不特定多数の人に質問しても、自分は関係ないと思われてしまえば失敗に終わります。この時の質問で重要なのは、必ず100%の人が自分ごとになる質問をするということです。その質問方法が「**クローズドクエスチョン**」です。

　例えば、「朝ごはんを食べた人は？　食べていない人は？」の２択のようにイエスかノーかに答えが分かれる質問です。この「クローズドクエスチョン」であれば、100%自分ごとにすることが可能です。これとは逆に、「朝、何を食べましたか？」という複数回答になる質問は全ての人を自分ごとにするのが難しくなってしまいます。このような質問を「オープンクエスチョン」といいます。最初の「つかみ」の鉄板、「クローズドクエスチョン」をまずは考えてみましょう。

②数字

2,185

　この数字が何を表しているかわかりますか？
　ずばり、人間の感情の種類の数です。2,185種類、驚きですよね。私自身、感情がこれほどあるとは考えたこともありませんでしたし、そんなに種類が豊富にあれば、相手の感情を類推するのも難しそうだなと思いませんか。

　さて、このように数字をいきなり目の当たりにすると人間は思考が働きます。これは脳の特性で、数字を見ると左脳で論理的思考が働くことに由来していま

す。
　この数字は自分が今まで経験した中で近しいものがあっただろうか？　今日のゲストは医者だから医学に関係する数字ではないだろうか？　という具合にロジカルに脳を働かせることにつながります。
　数字は強制的に相手を自分ごとにさせるパワフルな「つかみ」の手法なのです。

③マイストーリー

　自分のことをビジネスシーンで話すのは少し抵抗があるかもしれません。ですが、**自分の話は、相手に対して親近感を持ってもらいやすく、距離を縮めることに有効です。**プレゼンターに親しみを感じてもらえば、人となりを印象づけることができます。

　私の場合は次のようなマイストーリーを用意しています。
「私は５歳の頃から書道をやってまして、小学生の頃は展覧会に出すと賞をいただけて自分でも字が上手な方だと思っていたんです。でも、小学４年生のある日、担任の先生から、『前田くん、字が汚いね』って言われたんです。この時考えたのが、人にはそれぞれ『境界線』があるということです。
　この字は綺麗、この字は汚い。
　しかもその境界線が人によって異なると。
　これはマネジメントも同じです……」

このようにお伝えすると、

- この人は幼少期から書道をやってきた
  → どんな字を書くのかな？（気になる）
- 確かに人によって基準は異なるな……。
  → 上手な字と下手な字ってあるよな。自分は下手な方かな。
- マネジメントも同じ！
  → 確かにマネジメントする時によいか悪いかの基準があるけれどこれって人によって違うよな……。

といった具合に考えてもらうことができます。
さらに、私の情報（書をやっていた）によって印象づけができます。
ビジネスは誰と行うかがかなり重要です。
あなた自身をどう印象づけるか？
この「つかみ」で人となりを売り込むことも可能です。

④宣言

「私は明日までに10kg増量します！」
「みなさん、明日から絶対に手紙は筆で書いてください！」

といった宣言をされると、「え？　どうやって？」「え？　なぜ？」と一瞬考えますよね。
「つかみ」は相手の思考をこちらに引き寄せることです。こういった突飛な宣言も、相手にハッとさせて思考をこちらに強制的に引き寄せることができる「つかみ」です。

これら4つのパターンを上手に使いこなして、不特定多数の方々を自分ごとにさせてみましょう。

暴れん坊将軍の「君の声が聞きたい」 ポイント

- ✓ 伝えることは３つに絞る
- ✓ フォントはゴシック体か明朝体
- ✓ フォントサイズは50~100（16：9の場合）
- ✓ 「つかみ」の種類は４パターン
    - ①質問
    - ②数字
    - ③マイストーリー
    - ④宣言

第 6 章

白熱！開国を迫る 黒船ペリー vs 老中 阿部正弘 のロジカルプレゼン術

もしも
老中 阿部正弘の質問に対して、
ペリーが論理的にプレゼンしたら

プレゼンター	ペリー
ターゲット	阿部正弘
ゴール	日本の開国

第6章
白熱！開国を迫る 黒船ペリー vs 老中 阿部正弘のロジカルプレゼン術

1

日本開国のススメ

ペリー

ペリー

トイウコトデー。阿部さん、開国シテクダサ〜イ。

阿部正弘

いやいや、我々ですぐに結論が出せるわけではないのです。徳川幕府の見解だけでなく、天皇をはじめ、諸藩や一般市民にも意見を聞いてみないと。

1848年メキシコとの戦争で、アメリカ勝ちました！ ワタシは、その時メッチャ頑張って成果を出しました。今回、アメリカの大統領の国書を持ってきました。開国シテクダサ〜イ。

そう言われても、開国するメリットやデメリットもよくわからないし、勝手に開国したら私の立場的にもかなり問題があるので……。
そもそも、開国する意味ってあるのですか？

アリマス！
なぜなら、開国すれば、最先端の技術と世界の情報を手に入れることができ、世界の列国とともに歩むことができるからデス！

開国しなかったらどうなるの？

開国シナケレバ、植民地デス！

まじで……。

開国シナケレバ、戦争デス！

まじで……。

マジデ。アヘン戦争知ってるデショ。あの戦争で負けた清とイギリスが結んだ南京条約は、とんでもない不平等条約デシタ～！

第6章
白熱！開国を迫る 黒船ペリー vs 老中 阿部正弘のロジカルプレゼン術

南京条約概要

1	**香港島**のイギリスへの**割譲**と**5港**の**開港**
2	莫大な賠償金**2,100万ドル**の支払い
3	在留イギリス人への**治外法権**を認めさせる

 南京条約の概要として３つ。
1つは香港島をイギリスへ割譲することと５つの港の開港をすることにしまシタ。
2つ目は、賠償金2,100万ドルを支払わせることに！
最後の３つ目は、在留イギリス人が何をやっても許されちゃう治外法権を認めさせることになったんデス！
これ、全く同じように日本にあてはめられたら大変デスヨ！

 まじで……。

 戦争したら、これ全部同じようになりマス！

 まじで……。

 マジデ！

ちなみに負けてしまって植民地になる国は今後も出てくるとペリーさんは思われますか？

植民地化予測

1886年 イギリス領ビルマ
1842年 イギリス領香港
1895年 日本領台湾
1887年 フランス領インドシナ
1898年 アメリカ領フィリピン

 こんな感じで、これからは植民地化される国は増えると予測してマス！
我々の研究機関が未来を予測したところ、1842年の香港を皮切りに、1886年 ビルマ、1887年 インドシナ、と続いていくと予測してマス！

 まじで……。

 マジデ！

 まじで……。
（というか、開国したその先に、日本が大国と同様に世界へ打って出ていく未来があるとは……）

第6章
白熱！ 開国を迫る 黒船ペリー vs 老中 阿部正弘のロジカルプレゼン術

4

こちらをご覧クダサイ。この絵は清の船がイギリスの軍艦に沈められているトコロデス！ 我々のような蒸気船と古い船では戦いになりませんよ！ 日本がとるべき正しい選択、アンダースタンド？

やばそうですね。近代化は必須！
開国しないと植民地になってしまうというのは、将来的にまずそうですね……。
ちなみに、植民地になるとどれくらいの期間、植民地のままだと思いますか？

5

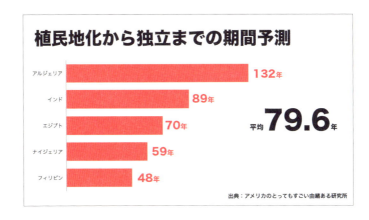

 平均して79.6年と想定シテマス。約80年。人の平均寿命に近い年月が植民地になるわけですから、やはり植民地化されることは望ましい形ではないと考えマス。

 具体的な年数の予測データですね……（予測の精度も高そうだ）。わかりました。皆さんの意見を聞きますので、しばらく猶予をください。

 わかりました。では、1年後にまた来ますから、必ずよいお返事をお待ちしていマス。ちなみに、来年の何月ごろがご都合よいデスカ？

 （うっ！　圧すごっ……！）

第6章
白熱！開国を迫る 黒船ペリー vs 老中 阿部正弘のロジカルプレゼン術

白熱！開国を迫る
黒船ペリー vs老中 阿部正弘の
ロジカルプレゼン術 解説編

プレゼンター	ペリー
ターゲット	阿部正弘
ゴール	日本の開国

　第6章は、海外からの開国圧力に対して江戸幕府がどう対応するのか、決裁者である阿部に対して開国を提案してきたペリーがロジカルに伝えていく想定にしてみましたが、いかがでしたでしょうか？
　作成したデータはある程度の史実をベースにしながらも、フィクションとして今後の未来をペリーが予測したものを説明するという設定です。

　論理的に説得するプレゼンとその後の質疑応答はどちらも重要です。質疑応答用の補足資料（アペンディックス）はしっかりと準備しましょう。

　質疑応答はプレゼンの後、必ずと言っていいほど発生する行為です。なぜなら、プレゼンテーションは相手の行動変容を促すもの。そのため、疑問に思うことや不明瞭な点があれば明確にしたいのが人の本能です。なんとなくわかったつもりで意思決定して、行動してしまった後で後悔をしたくないですよね。意思決定のミスはゼロにはできなくても、なるべくならゼロに近づける努力をしたいものです。それが質疑応答です。

　準備不足で聞かれたことに対して答えられない時点で相手は「怪しいな？」「騙されているのでは？」と疑心暗鬼になります。質疑応答の準備がしっかりできるということは、そのプレゼンを勝ち戦にすることができるということです。

2　南京条約概要

1. **香港島**のイギリスへの**割譲**と**5港**の**開港**
2. 莫大な**賠償金2,100万ドル**の支払い
3. 在留イギリス人への**治外法権**を認めさせる

使用テクニック
▶ 表にして、
　文字に大小のメリハリ
　シグナル効果

3　植民地化予測

- 1886年 イギリス領ビルマ
- 1842年 イギリス領香港
- 1895年 日本領台湾
- 1887年 フランス領インドシナ
- 1898年 アメリカ領フィリピン

使用テクニック
▶ 地図の挿入

4

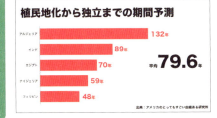

使用テクニック
▶ 絵の挿入
　→絵や写真は、言葉以上に事柄の
　　解像度が上がり、状況を瞬時に
　　理解させることが可能

解像度が上がり、状況を瞬時に理解させることが可能
動画は絵や写真よりもさらに解像度が高いのでおすすめ

5　植民地化から独立までの期間予測

- アルジェリア　132年
- インド　89年
- エジプト　70年
- ナイジェリア　59年
- フィリピン　48年

平均 **79.6**年

出典：アメリカのとってもすごい由緒ある研究所

使用テクニック
▶ グラフの挿入
　→論理的に相手に理解・納得を促
　　す最も効果的な手法

第6章
白熱！開国を迫る 黒船ペリー vs 老中 阿部正弘のロジカルプレゼン術

白熱！開国を迫る 黒船ペリー vs 老中 阿部正弘の ロジカルプレゼン術 テクニック編

1 データの見せ方　4つの型

データを見せる時の大きなパターンは4つです。内容によって使用するフォーマットを変えましょう。

- 棒グラフは実績
- 折れ線グラフは推移
- 円グラフは比率
- 表は数値の一覧

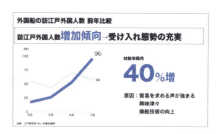

2　視線の基本は「Zの法則」

20秒以内で内容が理解できるように気をつけましょう。

そこでポイントになるのが視線の誘導です。

視線の基本は「Zの法則」。

キーメッセージを見てから左側のグラフ、そして補足メッセージの右側へと視線が動くように配置するのがコツです。

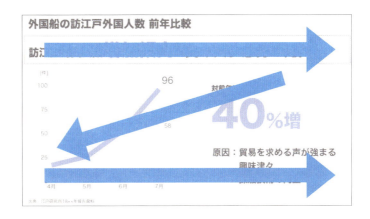

このZの法則は、全体でどこに何があるかを把握しやすく、スーパーやコンビニの商品陳列棚でも使用されています。チラシやバナー広告、ポスターなどパッと見てわかりやすいなと感じるものにはこのZの法則が使用されています。

また、視線は必ず左上から右下へと流れていきます。これは、「グーテンベルク・ダイアグラム」という理論で、ドイツ人の活版印刷技術の発明者ヨハネス・グーテンベルクの名前からとられた視線誘導の法則のひとつです。

3 左グラフ右メッセージ

　スライドでデータを見せる時は**左グラフ右メッセージ**をおすすめしています。これは脳の構造に由来しています。**左側から入ってくる情報は右脳のイメージや直感で把握しようとし、右側から入ってくる情報は左脳の言語・論理をつかさどる方で把握します。**

　このロジックを活用して、グラフを短時間で脳内処理させて見ている人に理解してもらうようにしましょう。

　私がソフトバンク時代に孫正義社長（現会長）のスライドを作成する時には、このロジックを活用して短い時間で難しい内容もスピーディーに理解していただくように努めました。

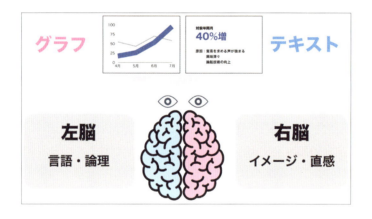

　先ほど触れたZの法則で、キーメッセージは上に置くのが鉄則とお伝えしましたが、表の場合も同様です。表にしたときに右グラフ左メッセージのように右に表を置いてしまうと見づらいものになるため、気をつけましょう。

 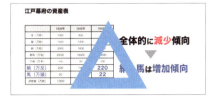

4　質疑応答 10 のチェックリスト

　商談の際には必ず相手との質疑応答が発生します。社内で上司にプレゼンをしてもほぼ必ず質問されますよね。ですから、**質疑応答の準備がしっかりできていれば、勝てるプレゼンに持っていくことは可能なのです。**

　今回は、ペリーが他国の事例やそれをビジュアルで見せて解像度を上げて危機感を募らせ、将来の予測を出して「今が変わる時である」というタイムコントロールも行いました。

　これらはどんな質問を相手からされるのか？　ということを事前に想定してそれに応える資料を用意していたわけですが、ビジネスシーンでも同様に質疑応答の準備をするようにしておきましょう。

　この時におすすめしている 10 のチェックリストを次ページでご紹介します。

質疑応答作成 **10**のチェックリスト

1	そもそもチェック	・そもそもやる意味は？　・そもそもこの提案の根拠は？
2	メリデメチェック	・メリットとデメリットを確認
3	リスクチェック	・実施した際のリスク　・実施しなかった際のリスク
4	時間軸チェック	・過去、過去推移　・現状　・将来予測、見込み
5	比較チェック	・過去比較　・他社比較　・業界比較 ・異業種比較　・海外比較
6	相手の立場チェック	・相手の役職、ポジション、プライド ・相手の組織への負荷、予算、リソース ・地雷の確認　・ネゴシエーション
7	未来イベントチェック	・起こりうる未来イベント（例：オリンピック、ワールドカップ、環境汚染、自動運転など）への対応
8	マーケティングチェック	マーケティングの分析メソッドを使う PEST分析／3C分析／SWOT、クロスSWOT分析／4P分析　など
9	根拠データチェック	・最新のものか？　・出典は信頼できる情報か？
10	最終チェック	・企業理念との整合性 ・最後までやり切る自信が持てるか？

①そもそもチェック

「そもそもやる意味あるの？」というワードは、上司から指摘される際によく言われる言葉です。これを言われると、グッときてしまって何も話せなくなりますよね。

　そもそもと言われても、提案内容はやるべき事柄であることを伝えられるようにしっかり準備しましょう。

②メリデメチェック

メリットとデメリットは必ず存在するもの。**メリットばかりの提案は少し怪しいなと思われてしまいます**。デメリットを提示して、それに対してどのようにリカバリー対応が可能かなども答えられるようにしておきましょう。

③リスクチェック

誰もやったことがないこと、過去にやったことがないことは前例がないため、失敗のリスクは必ず存在します。また、せっかくの提案を実施しない場合には機会損失というリスクも介在します。ですから、**実施したら起きるリスク、実施しない場合のリスクを想定しておきましょう**。これらの回答は定性的なものだけでなく定量的なデータでも示すことができるとさらに効果的です。

④時間軸チェック

過去、過去からの推移、現在、将来予測を準備しましょう。**ビジネスは一過性のものではなく、継続して持続しながら成長していくものです**。会社としての未来像を意識しながら用意する必要があります。事業計画などと整合性が取れているか常に確認することが求められます。

⑤比較チェック

過去、他社、業界、異業種、海外など、ビジネスにおいて提案の際に関連するものがあれば比較をしておきましょう。**決裁者は意思決定をする時に、参考となるものを１つの指標としておきたがる傾向があります**。特に競合他社がいる場合は、他社のサービスより劣っていないか、他社よりも高い成果を出すためにどうすればよいかを考えます。情報収集を念入りにして、そこからの考察を行うようにしておきましょう。

⑥相手の立場チェック

決裁をとる相手が社内の場合は、その人が何を決裁基準にするかを知っておくことは有効です。数字を重要視する人、これまでの経験から意思決定を行う人、成功確率は低いが、時には賭けに出る人など、決裁基準はさまざまです。

また、その人を取り巻く周りの環境によっても決裁基準が変化していきます。人事的な評価を得るタイミングであれば、多少の無理をする人も出てくるかもしれません。このように、**相手の立場に立ってどのような意思決定をするのかを十分に観察して見極めていく**必要があります。決裁者と接点があまりない場合は、接点がある人にヒアリングをして情報収集を行いましょう。

社外のクライアントの場合は、その場で質問を重ねていくことで相手の求めるものの解像度も上がっていきます。決裁者がどんな性格なのか、何を重要視しているのか、意思決定会議はいつあるのか？　その会議には何人参加しているのかなど、なるべく細かく質問をして相手の解像度を上げていきましょう。

⑦未来イベントチェック

役職が上位職になればなるほど、日頃から長期的な視座で物事を見ています。社長や役員はまさにその典型的な思考です。将来起こりうる未来についてどのような見解を自分が持っているのかを考えておくようにしましょう。単純な意思決定は、クローズドクエスチョンとその理由で対応ができますが、**「あなたはどう考えますか？」という決まった答えのないものについては、しっかりと持論を持っているべきです。**持論があることであなたへの信頼が増していくことにつながるでしょう。「なんとなく」という便利な言葉で思考を止めないようにしましょう。「なんとなく」は考えていないのと同義です。

⑧マーケティングチェック

「マーケティングの部門ではないからマーケティングのことはわからない」だと、「ちゃんと分析したのか？」と突っ込まれてしまいます。プロのビジネスパーソンの共通言語として、マーケティングの基礎知識は理解しておくことが大切です。

⑨根拠データチェック

データは説得する上で最も重要視されます。特に、誤記があると全てのデータが怪しく思えてきます。**データは最新のもので、内容についてはトリプル**

チェックをして間違っていないか確認をしておくことをおすすめします。

⑩ 最終チェック

提案内容が最終的に自分でも納得していて自信を持って相手にすすめられるものであること、**自分が当事者として最後までやり切る覚悟**が持てていることを確認してください。

アイデアは面白いけれど、自分でやろうとは思わないというのが一番相手に対して失礼な提案です。最後は当事者として自分が最後まで投げ出さずにやれるかどうか、そして、そのアクションが会社にとっても重要なものであり、やるべきことであると納得して提案できるかが最後まで完遂する鍵になります。

くれぐれも自分に嘘をつくようなことがないように。あとで後悔しないように最善を尽くしましょう。

白熱！開国を迫る
黒船ペリー vs 老中 阿部正弘の
ロジカルプレゼン術 ポイント

- ✅ データの見せ方は、4パターン
- ✅ スライドレイアウトはZの法則
- ✅ 結論は一番上に
- ✅ 左グラフ右メッセージ
   →右脳と左脳を意識してみる
- ✅ 質疑応答10のチェックリストを準備しよう

COLUMN②

人生で一番行うプレゼンとは？

1　自己紹介も立派なプレゼン

　人生において一番行うプレゼンテーションとはなんでしょうか？
　それは「自己紹介」です。
　幼少期から行っている自己紹介ですが、みなさんは最初に行った自己紹介で何を伝えたか覚えていますか？
　最初というと幼稚園や保育園の頃、先生から「お名前は？」「好きな食べ物は？」「好きな色は？」といった質問に対して答える機会だったと思います。
　でも、この時に答えたことと、現在、自己紹介であなたが伝えることは大きく違っているはずです。

　人は成長し、環境も変化しますから自己紹介の内容は変わって当たり前。ただし、自己紹介は限られた時間で伝えるプレゼン。時間内でたくさんのことを伝えすぎてしまうと途中から相手は興味をなくしてしまいます。ですから、**伝えることを3つに絞る**ところからスタートするのをおすすめします。
　やりましたね、マジックナンバー3です！

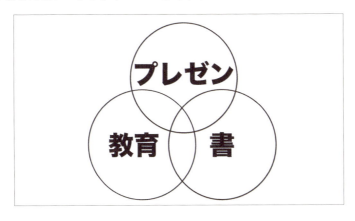

> コラム
> 人生で一番行うプレゼンとは？

　限られた時間で伝える場合、コンテンツを詰め込みすぎると相手は飽きてしまいます。興味がない話題であれば、話している最中に別のことを考えてしまいます。

　伝える時には伝えたい内容を絞って伝える。これは自己紹介に限ったことではありませんが、1枚のスライドで一番伝えたいことをしっかりと絞り込むと、あなたのことが相手により伝わりやすくなります。

　さて、自己紹介の表現では、単語3つで表現する別のパターンとして数字3つで表現する方法があります。

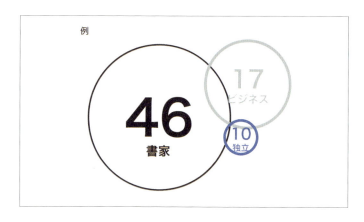

　私の数字を表してみました。この場合は書家歴46年、ビジネスパーソンとして会社に勤めたのが17年、独立して10年と3つの数字で表現することができます。

　数字を見ると、人間の左脳は自動的に思考を働かせます。そもそも自己紹介は赤の他人の話を強制的に聞かされる行為ですから、興味がないものです。その自己紹介を強制的に興味を持たせることができるのが数字です。

　ぜひ、自分を表現する数字を3つ作ってみてください。いざという時にどこでも使うことが可能ですから、よりユニークなものにすることをおすすめします。

　さて、私の自己紹介の数字は単位が全て「年」ですから放っておいても時が

経てば数字が増えていきます。自己紹介は自分ごとですから放っておいても毎年アップデートされます。しかし、自動的にはアップデートされないものがあります。それが会社の情報です。

2 情報は自分でアップデートする

　会社に所属している場合、代表取締役でなくても一歩会社の外に出れば、あなたが会社の代表です。

「あなたの会社って売上規模はどれくらいなの？」
「従業員って何人くらいいるの？」
「会社の主力商品って何？」

　こういったことを聞かれた時に、

「はて？」
「どれくらいかな？」
「よくわからないな」

　と答えてしまうと、聞いた方は不安になります。「この人は自分の会社に興味がないのかな」と受けとられてしまいかねません。ビジネスであれば、そんなことを言うと信用されず担当者として失格となります。
　受験や就活でも同じですよね。「あなたが学業で力を入れたことは？」「部活の経験がどう生きている？」。**あなたのことはあなたしか答えられないのですから、この質問に答えられないと、訝しまれるのは当然です。**

　自己紹介と同様に会社のことは自分ごととして捉えて、最低でも四半期に1回は会社の数字を自分の中でアップデートしておきましょう。
　あなたは会社の代表です。自分ごととして会社のことを捉えることになり、会社の中でプレゼンをする際に、上司からの信頼を勝ち取り決裁がおりる提案を重ねることにつながるのです。

コラム
人生で一番行うプレゼンとは？

3 多くの人の前で話す時に緊張する人へ

　自己紹介は多くの人の前で話す行為ですから、緊張しますよね。緊張する人は緊張したくないのであらゆる工夫をしますが、なかなか緊張しなくなるまでには程遠く感じている方が大半です。
　では、緊張がなくなることはないのでしょうか？
　そもそも緊張は無くすものではなく、コントロールするものです。まずは緊張を分解してみましょう。
　緊張は、プレゼン前とプレゼン中の時間にしか発生しません。 プレゼンが終了すれば安堵感で緊張していたことが嘘のようになくなります。このプレゼン前、プレゼン中の緊張を上手にコントロールすることが重要です。

　緊張は完全にはなくしてはいけません。適度な緊張感はどんな場面においても必要です。緊張しなくなった瞬間にミスが発生したり、慢心したりしてよい結果につながりません。
　では、プレゼン前の緊張から見ていきましょう。

4 プレゼン前はポジティブイメージを持つ

　大事なプレゼンの前日に緊張してしまう人は、失敗を想像しています。「うまく話せなかったらどうしよう」「嫌われたらどうしよう」「ダメ出しされたらどうしよう」といった具合です。こうやってネガティブな未来を想像すると緊張は高まるばかり。ですから、まずはこれまでの経験の中で上手くいった時のことを思い出すようにしてみましょう。

　「あの時のプレゼンは大成功したな」「あのプレゼンの後に、上司にすごく褒められたな」「すごくわかりやすかった！って言われたな」「今回もあの時のように絶対に上手くいく！」といった具合に成功体験を思い出すと、気持ちが和らいで緊張がほぐれてきます。**プレゼン前はポジティブなイメージを持ちましょう。** 事前に自分の成功をイメージすることを「予祝」といってあらかじめ自分をお祝いします。孫正義社長もプロジェクトの実行前に、「これは絶対成

功する！　俺にはわかる！　大丈夫だ！」と自ら予祝をされていました。

5　プレゼン中は2つの克服方法を事前にやっておく

プレゼン中に緊張するのは2つのことが想定されます。

・自分が緊張する聴衆人数の限界をわかっていない
・聞かれたことに答える準備ができていない

自分が緊張するのは、何人から？

プレゼン前に皆さんがよく行う準備は、何度も練習してよどみなく話す訓練です。しかし、用意した原稿がすっ飛んでしまって、何を話しているのかわからなくなるのはただの練習不足だったり、原稿に頼りすぎた結果、スライドを見たら何を伝えるのかが瞬時に出てこなくなってしまっていたりすることが原因です。

また、そもそも自分が緊張してしまう対象者の人数が把握できていない方がとても多くいらっしゃいます。

3人くらいの前で話すのは緊張しないけれども、10人を超えたら緊張する人。30人なら大丈夫だけれど100人は緊張する人。というように、自分が何人くらいの人の前で話してきた経験があるのかで、この緊張する聴衆人数が変わってきます。**自分が緊張しない人数をまずは知ること。そしてより多くの人の前で話す経験を積むことで**、ある程度は人の目が気にならなくなります。

「ああ言われたら、こう言おう」のストックを

もう1つが、聞かれたことに答えられないことによる緊張です。上司から聞かれて答えられない人は、頭が真っ白になってフリーズしてしまいます。

この場合は、どのような質問をされそうかについてしっかりと準備をし、その答えについてもちゃんと自分の意見として用意しておくことで緊張が軽減できます。**「聞かれたらこう答える」という準備の量が多ければ多いほどその準備した資料などが精神安定剤になっていきます。**

コラム
人生で一番行うプレゼンとは？

　とはいえ、準備には限界があります。ある程度準備を行ってもそれ以外の想定外な質問が出てきてしまうことも多々あります。その場で答えられない質問が出たからといって緊張せずに、「お尋ねいただいた点は検討しておりませんので、明日改めて準備してご報告させてください」「その件については想定外の質問でしたので、引き続き検討を重ねます。その上で、今回の案件については基本的には進めさせていただければと思います」というように、どのように切り返すかの準備をしておきましょう。

　準備がしっかりできていれば緊張はコントロールできます。緊張を楽しみましょう。そして緊張する自分がいることは、あなたにはまだまだ伸びしろがあることの証拠です。緊張するあなたがいることに感謝しましょう。

第7章

勝海舟の江戸無血開城報告プレゼン

もしも
すでに調整が終わっていて勝海舟と西郷隆盛の会談がただの報告プレゼンだったら

プレゼンター	勝海舟
ターゲット	西郷隆盛
ゴール	内容の確認とこれからのアクション

報告だぜ

勝海舟

第7章
勝海舟の江戸無血開城 報告プレゼン

勝海舟

西郷さん。すでに駿府でうちの山岡鉄舟があなたと打ち合わせして大体は整理できているって聞いているので、今日はその内容が間違っていないか、確認をするという感じで進めたいんだけれど、どうだろうか？

西郷隆盛

わかったでごわす。
山岡さんとのミーティングについての報告プレゼンでごわすな。

ありがてえ。
まずは、1枚にまとめてみたので、これを見てほしいんだが。

江戸無血開城報告

課題	江戸幕府倒幕に向けた明治新政府軍が江戸に入ってきて江戸の街が火の海になるかもしれない
原因	幕府軍が江戸で抵抗活動をするから
解決策	新政府軍の要望を受け入れて**無血開城**をする
効果	江戸住民の生命と財産の安全の確保及び今後の行政の円滑な遂行

	案A：江戸無血開城	案B：徹底抗戦
メリット	江戸住民及び家屋などへの被害ゼロ	反政府のメンバーの排除
デメリット	反政府メンバーが存続→北方へと戦闘が移動	江戸が火の海に
スケジュール	1868年3月15日	1868年3月17日
効果	被害ゼロ	江戸住民100万人に死傷者が発生
コスト	ゼロ	復興費 推定10兆円
追加条件	徳川慶喜水戸で謹慎	徳川慶喜引き渡し

1

結論から言うと、江戸無血開城に合意してくれてありがとう。
我らの主君の徳川慶喜公を引き渡さずに水戸で謹慎することで
合意してもらったので一安心だわ。本当にありがとう。
内容について何か間違いがあるかい？

大丈夫でごわす。
しかし、この資料実によくまとまってるでごわすなぁ。
こうやって見せてくれるとA案にしてよかったと思うでごわす。

そうやろ！　山岡は本当に優秀でね！

で？
この先はどうするんでごわすか？

え?!
お、おう……。それはこれからだな、ここで一緒に……。

勝さん。
オイどんにはビジョンがあるけど、勝さんにはないんでごわすか？

……。
す、すまん……。

第7章
勝海舟の江戸無血開城 報告プレゼン

 勝さん、報告だけではいかんです。報告には必ずネクストステップをつけなければいかんでごわす。オイはこんな感じでこれからを考えているでごわす。

 ほう……。

 こんな感じでこれからやっていくので、末長くよろしく頼むでごわす！

 お、おう……。
わかった。

それと、無血開城した江戸城には天皇に来てもらって住んでもらおうと思うんでごわすが、いかがでごわすか？

 お、おう……。
わかった……。

 それと、これを機に「江戸」を「東京」って名前に変えようと思うんでごわすが、いかがでごわすか？

 お、お、おう……。
わかった……。

 それと、この機会に元号も「慶応」から「明治」に変えようと思うんでごわすが、いかがでごわすか？

 お、お、お、おう……。
わかった……。

 それと……、

 お、お、お、おう……。
（ネクストステップしっかり考えておきゃよかったなぁ……）

第7章
勝海舟の江戸無血開城 報告プレゼン

勝海舟の
江戸無血開城 報告プレゼン

解説編

プレゼンター	勝海舟
ターゲット	西郷隆盛
ゴール	内容の確認とこれからのアクション

報告は報告でしょ？

勝海舟

　第7章は、報告プレゼン。決まった内容を共有するというシチュエーションでしたが、勝さんのプレゼンは本当に報告だけで、西郷さんからダメ出しを受けてしまいましたね。

　報告プレゼンとはただ単に報告をすればよいのではなく、ネクストステップ（次に何をやるのか？）を盛り込む必要があります。

　ただ単に報告をするだけであれば、それは報告資料を作って「読んでおいてね」で事足りますから、文章でしっかりと伝えれば済むことです。

　報告をされると、管理職は必ず「で？　次はどうするの？」と聞きたくなります。なぜならビジネスは一過性のものではなく、未来永劫続けていくものだからです。

　さて、勝さんの報告プレゼンではただ単に情報の羅列で内容を共有したに過ぎませんでしたから、顔を合わせてお互いに話すのであれば、これからどうするのかについての未来の話を抜きにはできません。そこで、西郷さんは自身のネクストステップを図解にして提示していました。具体的なアクションとスケジュールを視覚的に見やすく提示すると、聞き手に伝わりやすくなります。

　さて、ビジネスシーンにおいてプレゼンには3種類あります。

①提案プレゼン
②報告プレゼン
③依頼プレゼン

　テクニック編では、この3種類のプレゼンの作法を徹底解説していきます。

1

[スライド画像: 江戸無血開城報告]

使用テクニック
- ▶ 1枚サマリー
- ▶ 推奨は色枠で強調

2

使用テクニック
- ▶ 線表を挿入
  → 具体的なアクションをいつ実施するかが明確になっていることが伝わる
- ▶ 色数は限定して、見やすく

第 7 章
勝海舟の江戸無血開城 報告プレゼン

勝海舟の
江戸無血開城 報告プレゼン
テクニック編

1 報告プレゼンにはネクストステップを

　勝さんのプレゼンのように、端的に事実を表にしてまとめてあるとわかりやすいですね。これが文章でずらずらと書いてあり、ひたすら読み上げられてはたまったものではありません。

　今回はネクストステップが入っていなかったので、サマリーの中にネクストステップを一文加えてみるとよいでしょう。

> ネクストステップがあることをサマリーで表示。
> その後の補足資料で具体的なネクストステップを説明すると説得力が増します。

2 わかりやすい定型フォーマット

　定型フォーマットは先ほどの1枚サマリーのように表をベースにまとめたものと、西郷さんが見せてくれたスケジュールをイメージで表すものがあります。

このような線表ではなく、**アクション＋時期が文字で羅列されているだけだとなかなか内容が覚えづらく記憶にも残らないもの**になります。

スケジュールを示す際には右脳へ響くようにビジュアル化して見せることで印象づけることが可能です。

この時に重要なのが、全体を通して何を伝えたいのかのキーメッセージの見せ方です。

3　キーメッセージは「13文字の法則」

キーメッセージとは、そのスライドで一番伝えたいことを端的にまとめたものです。可能な限り短い文章にした方が短い時間で把握することが可能です。

その目安が13文字の法則です。**人の視野角で13文字までであれば一度に視界に入ると言われており、文章として読み上げなくても内容が理解できる上限が13文字です**。Yahoo! Japanのニュースのトピックスのタイトルは13文字を目安に作成されていたのは有名な話です（現在はフェイクニュースが増えてきたため、15.5文字まで増やしています）。

短くするためのテクニック

具体的に短くするコツは、

・箇条書きにする
・ひらがなを削る
・体言止めにする

プレゼンは配布資料ではなく、あくまで話を聞いてもらう上での補助ツールにすぎません。資料を単体としても成立するものにしたいのであれば、文章を書かないと相手に伝わりません。なぜなら読み物だからです。プレゼンは読み物ではなく、あくまでプレゼンターの話を聞くもの。その話を聞いてもらって行動変容してもらうための補助ツールですから、長い文章を書く必要はないのです。

4 メッセージにはメリハリを

長い文章でもメリハリをつけることによって短く見せることが可能です。

私たちの日本語は漢字を使用します。漢字は表意文字で、それぞれが意味を持っています。私たちは漢字を見ただけでなんとなく伝えたい内容を類推することが可能なのです。

〈ノーマル〉
(25文字)

今月の売上目標は2000万円が必達目標となります。

(13文字)

今月売上目標→2000万円

〈メリハリ〉
(25文字)

今月の売上目標は2000万円が必達目標となります。

(13文字)

今月売上目標→2000万円

5 やってはいけない3つのNGメッセージ

私がこれまでさまざまな企業のプレゼン資料を見てきて、なんとなくみなさんがやりがちで、かつあまり効果的ではない表現を3つご紹介します。

よくない例

〈下線強調〉

今月の売上目標は<u>2000万円</u>が必達目標となります。

〈斜体強調〉

今月の売上目標は2000万円が必達目標となります。

〈影文字強調〉

今月の売上目標は2000万円が必達目標となります。

下線強調はよく見かけますが、文字とくっついてしまって読みづらいものになってしまいます。強調しても伝わらない典型的なパターンです。下線を引くと、ただただスライドがうるさくなるだけですので控えましょう。

次に斜体強調ですが、文字が斜めになる表現は日常あまり目にしません。これも読むのに時間がかかってしまう表現ですのでやめましょう。

最後に、影文字強調です。影をつけると迫力が出るかもしれませんが、結局読みづらいものになります。これ以外にもフチ文字強調など、文字に装飾して強調させるものがありますが、あくまでプレゼンは内容を理解してもらうことが最優先です。業界業種によって異なりますが、基本は過度な装飾を避けておきましょう。大切なことは、見る人が短い時間で内容を理解できることです。

6 補足するなら40文字程度に

キーメッセージ以外にも伝えなければならないことがある場合、もう少し文章を補う必要があります。では、補足の文章はどれくらいが妥当でしょうか。

ビジネスパーソンが一番読み慣れているのはワードの業務文書です。ワードで1行の文字量は40文字です。 つまり、40文字程度の文章は読み慣れているため、書かれていてもあまり苦労せずに読んで理解することが可能です。

補足する文章は40文字程度にしましょう。

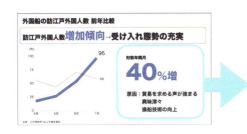

40文字程度でおさめると読みやすい

第 7 章
勝海舟の江戸無血開城 報告プレゼン

7 1スライドは105文字まで

『AI分析でわかったトップ5%リーダーの習慣』(越川慎司著・ディスカヴァー・トゥエンティワン)によれば、**トップリーダー層のプレゼンをAIで分析したところ、1枚のスライドの平均文字数が105文字**だったそうです。

なお、文章量を調整するだけでなく、図解化と文章にメリハリをつけることでより短い時間で相手にわかりやすいスライドにすることが可能です。

これらの文字量は厳密に13文字、40文字、105文字を守らなければならないというわけではなく、あくまで目安としてください。前述の通り、企業文化がありますから、長文の方が決裁者から信頼を得る会社もあるでしょう。その時は文字のメリハリなどで視線誘導して、見やすくなるように心がけましょう。

英語の場合は40単語で一文を表記するのをおすすめしています。TED(世界中の著名人によるさまざまな講演会を開催・配信している非営利団体)ではスライドのメッセージを40単語程度で表現することをルールとしています。

8　依頼プレゼンにはコミットメントのスライドを入れる

　最後に依頼プレゼンですが、依頼プレゼンは関係者に何かしらお願いをするプレゼンになります。関係部署や担当者、場合によっては部外の方にお願いする場合もあると思います。

　依頼する内容をお伝えした後に、相手に対して、

- いつまでに（When）
- 誰が（Who）
- 何を（What）
- どこで（Where）
- なぜ（Why）
- どうやって（How）
- いくらで（How much）

といった**５Ｗ２Ｈに関する確認や議論**を踏まえて、合意できた内容を実行してもらうのが、依頼プレゼンです。

　ここで重要なのは、依頼プレゼンを行った時点では、その資料を元にディスカッションした内容がプレゼン資料には反映されていないということです。

　経験上、プレゼンを行ってから会議の終了時間ギリギリまで議論をして後ほど議事録を展開すると、「それは違う」「そんなことは言ってない」「それは私たちの担当ではない」というコメントが返ってきて、結局実行されない事象が見受けられます。

　依頼プレゼンで大切なのは、依頼することではなく実行してもらうこと。

　したがって、実行してもらうためには会議のデザインも必要になってきます。例えば30分の会議を関係者と行うことを想定した場合、依頼プレゼンをする時間が５分だとすると、ディスカッション20分、議事録の確認５分という具合に必ず会議の中で、５Ｗ２Ｈの確認を行った上で会議を終了するようにすると、コミットメントが確実に得られて実行に移してもらうことができます。

勝海舟の
江戸無血開城 報告プレゼン ポイント

- ✓ 報告プレゼンにはネクストステップを
- ✓ 定型フォーマットを使いこなす
- ✓ キーメッセージは「13文字の法則」
- ✓ メッセージにはメリハリを
- ✓ やってはいけない３つのNGメッセージ
- ✓ 補足するなら、40文字程度に
- ✓ １スライドの最大文字数は105文字
- ✓ 依頼プレゼンは議事録を会議中に確認

これでプレゼン
無血開城

勝海舟

第 8 章

あなたの藩が生まれ変わる!!
廃藩置県で将来安心プレゼン

もしも
大久保利通と木戸孝允が
新事業 廃藩置県をわかりやすく伝えたら

プレゼンター	大久保利通　木戸孝允
ターゲット	諸藩の知藩事
ゴール	廃藩置県への理解

第8章
あなたの藩が生まれ変わる!!　廃藩置県で将来安心プレゼン

大久保利通

みなさん、こんにちは。明治新政府、「これからの日本」。
司会の大久保利通です。

木戸孝允

アシスタントの木戸です。
よろしくお願いいたします。

本日の明治新政府の新施策

廃藩置県®

1

さて、本日ご紹介する明治新政府の新たな施策はこちら、
「廃藩置県」です。

大久保さん、廃藩置県ってなんですか？

2

廃藩→藩を廃して
置県→県を置く

2年前に藩の土地や人民を天皇に返上する版籍奉還をしましたが、今回はその藩を県に置き換えることになります。

それって地方の知藩事のみなさんは反対しませんか？

いやいや、それがみなさんとんでもなく悩んでいることがあるんです！

3

借金まみれ

それがこちら。借金まみれです。

なんと！ どうしてそんな借金を抱えているんですか？

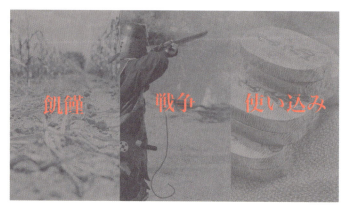

 実はこれまでの飢饉や戊辰戦争、それともそもそも贅沢して使い込みして財政難に陥って借金まみれなわけです。

 大久保さん、なんとかなりませんか……。

 そこで、今回の廃藩置県です！

廃藩置県には3つのメリットをご用意しました！

6

明治新政府の新施策
廃藩置県®
3つのメリット

 3つのメリットってなんですか？

7

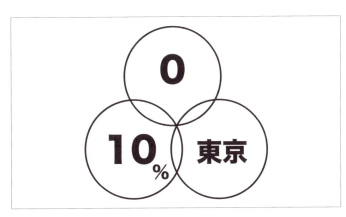

 3つとはこちら！「0」「10%」「東京」です！

 え～～～～！　なんですか、それ？

第 8 章
あなたの藩が生まれ変わる!!　廃藩置県で将来安心プレゼン

 まずはこちら、借金はゼロにします！
明治新政府が全ての借金を立て替えさせていただきます！

 え〜〜〜〜！　めっちゃ太っ腹じゃないですか！

さらに、これまでは年貢で米を納税していましたから、そこから配下の武士に支給したら手残りがほとんどなかった知藩事さん。なんと、これからは石高の10%を必ず支給します！

 大久保さん、これすごすぎません？　保証が厚い！

10

さらに！

 さらに！

11

さらに、今回の施策ではこれまでのご苦労をねぎらいまして、なんと夢の東京ライフを過ごしていただけるように、東京に家と財産をご用意し、ゆっくりと過ごしていただける環境をご提供します！！

え〜〜〜！　夢の東京ライフが手に入るんですか？

そうなんです！　手に入るんです！

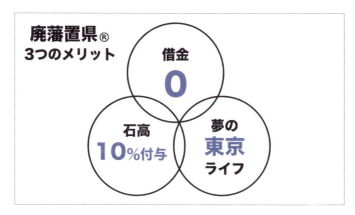

この３つ、とてつもなくメリットだらけですよね！

はい！　断る理由が見当たりません！

13

> さらに！

 さらに！

14

明治新政府の新施策
廃藩置県®

 廃藩置県は商標登録もしています！　信頼の証です！
ぜひ、この機会に廃藩置県で優雅な人生をお過ごしください！
今すぐお電話を！

 みなさま、お待ちしてます！

第8章
あなたの藩が生まれ変わる!! 廃藩置県で将来安心プレゼン

あなたの藩が生まれ変わる!!
廃藩置県で将来安心プレゼン　解説編

プレゼンター	大久保利通、木戸孝允
ターゲット	諸藩の知藩事
ゴール	廃藩置県への理解

さあ！お待ちかねの……

大久保利通

　第8章の廃藩置県プレゼンは、テレビショッピングっぽく大久保さんと木戸さんの掛け合いでお届けしてみました。テレビショッピングも立派なプレゼンで、ビジネスシーンや受験・学校で使えるさまざまな工夫が施されています。

　さて、今回はこれから起こる変化をネガティブに捉えてしまう知藩事（元藩主）のみなさんに快く引退していただき、別の方を知事に据えることで、地方自治の改革を行いたいと考えている明治新政府の意向を、廃藩置県で実現した事象にのっとってプレゼンしてみました。
　ポイントは、ターゲットである諸藩の知藩事たちが明治新政府の施策をメリットに感じて行動変容していただけるかです。
　ターゲットを明確にしてその人たちにアプローチする上で、その人たちに未来の解像度を上げて伝える際に必要なことは視覚に訴えることです。
　色や数字にこだわっていますので、ぜひその辺りもキャッチアップしてみてください。

　相手にメリットを「これでもか！」というくらいに繰り返しお伝えしています。このテレビショッピング的なプレゼンは1wayプレゼンといって一方的に伝えるプレゼンですから、相手からの質問などを受け付けずにひたすらそれに対して興味関心を持ってもらい賛同してもらうものです。
　したがって、営業の方がクライアントと膝を突き合わせて商談を進めていくものとは異なります。**1wayプレゼンは、経営者のトップが社員に対して行う方針説明や今期の目標、スローガンなどを伝えるものが一般的です。**

1

本日の明治新政府の新施策

廃藩置県®

使用テクニック
▶ 13文字の法則

2

廃藩→藩を廃して
置県→県を置く

使用テクニック
▶ 図解化

3

使用テクニック
▶ ネガティブイメージ
　＝モノクロ写真＋赤文字
　＋明朝体

第8章
あなたの藩が生まれ変わる!! 廃藩置県で将来安心プレゼン

4

使用テクニック
▶ マジックナンバー3
▶ ネガティブイメージ
　＝モノクロ写真＋赤文字
　　＋明朝体

5

明治新政府の新施策
廃藩置県®

使用テクニック
▶ セブンヒッツ理論

6

明治新政府の新施策
廃藩置県®
3つのメリット

使用テクニック
▶ マジックナンバー3

7

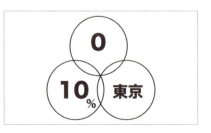

使用テクニック
▶ 3つの円でキーワードだけ
　を表示
　→興味関心を惹く

8

使用テクニック
- ▶ 左から右へ視線誘導
- ▶ 端的に数字で表記
  - →借金を全て政府で肩代わりすることをわかりやすく
- ▶ シグナル効果

9

使用テクニック
- ▶ 左から右へ視線誘導
- ▶ シグナル効果
- ▶ 数字は大きくして強調

10

さらに！

使用テクニック
- ▶ 接続詞のブリッジスライド

11

使用テクニック
- ▶ 左から右へ視線誘導
- ▶ シグナル効果
- ▶ 数字は大きくして強調

第 8 章
あなたの藩が生まれ変わる!!　廃藩置県で将来安心プレゼン

12

廃藩置県® 3つのメリット
借金 0
石高 10%付与
夢の 東京 ライフ

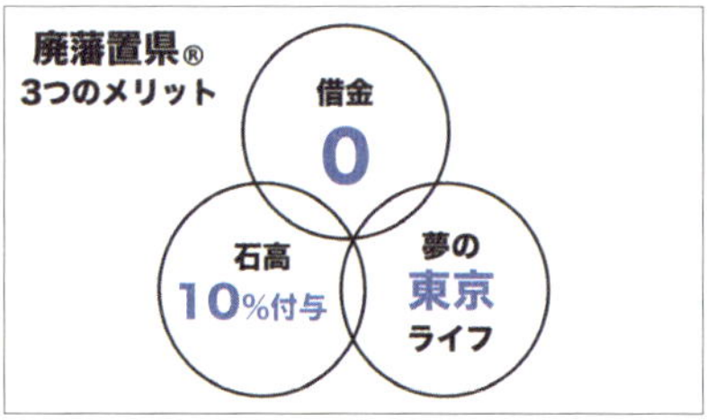

使用テクニック
▶ 3つの円でキーワードだけを表示
　→興味関心を惹く

13

さらに！

使用テクニック
▶ 接続詞のブリッジスライド

14

明治新政府の新施策
廃藩置県®

使用テクニック
▶ セブンヒッツ理論

166

あなたの藩が生まれ変わる!!
廃藩置県で将来安心プレゼン

さらに！

テクニック編

大久保利通

1　シグナル効果を活用する

今回多用したのは**シグナル効果**でした。シグナルは信号。青は進め、赤は止まれ。表現にすると**青はポジティブ、赤はネガティブ**として使用します。

さらにネガティブはフォントを明朝体にしています。**明朝体の横画は細くなりますから文字自体に緊張感が生じます**。

ポジティブなものは青で表現し、安定感のあるゴシック体で表記します。

2　色使いはトンマナ重視

企業で行うプレゼンでは、ベースカラーをコーポレートカラーにしましょう。コーポレートカラーとはロゴなどで使用される色です。大手銀行のロゴを見るとそれぞれ色で識別できますね。

その次にコーポレートカラーと同一系色でまとめていくと比較的トーン＆マナー（トンマナ）が合ってきます。トンマナとはトーン（調子）とマナー（様式）を指します。トンマナが合っているとその色からその企業ブランドなどが想起されます。例えばティファニーのティファニーブルーやコカ・コーラの赤、

第8章
あなたの藩が生まれ変わる!!　廃藩置県で将来安心プレゼン

IKEAのブルーとイエローなど、色だけでそのブランドが想起されますよね。

3　1スライドは3色まで

1スライドで使うのは3色までにしましょう。**4色以上になるとその意味合いを考えることが苦痛になりますし、そもそも色数が多いと視覚的にも疲れてきます**。3色までに抑えるのを意識して作成してみてください。

もちろん、例外もあります。例えば、10カ国のGDP推移を表現する時などはそれぞれの国の国旗の色に寄せて線を引いたりしますし、国旗を添えてどの国なのかがわかりやすいように表現したりもします。この場合は色数を減らすことができません。

4　暖色系と寒色系

暖色系は暖かさや元気といった表現が可能です。**赤は情熱的、激しい、パワーなどが表現できますし、オレンジは元気、充実**といった意味合いを持たせることが可能です。

寒色系は冷静さやクールさが表現可能です。**青は爽快、聡明、冷静、落ち着きがある**といった表現ができます。また、**緑系は癒し**などを表現できます。

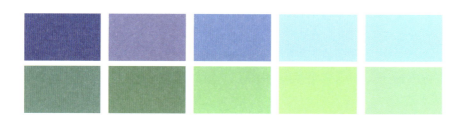

5 「セブンヒッツ理論」で記憶に残す

セブンヒッツ理論とは、同じCMなどに一定期間に7回触れると、店頭での購入率が高くなるという理論のことです。これにはザイオンス効果（単純接触効果）というものがその根底にあるといわれています。ザイオンス効果はロバート・ザイオンスという心理学者が提唱した理論で、「**人は単純接触回数が多いと好意を持つ**」というもの。情報への接触が増えるほど好意を持ちやすくなる傾向があるので、今回は「廃藩置県」を繰り返すことでそのものに対して好意を持ちやすくするようにしました。

なお、ザイオンス効果には限界があるといわれており、第一印象がネガティブだと接触回数が増えるごとに好感度が下がってしまうほか、10回程度の接触で好感度が頭打ちになります。やりすぎは禁物ですね。

また、**スリーヒッツ理論**というものもありますので、最低3回は表記させることを意識してみてください。

セブンヒッツ理論の活用例としてコンペの時などに必ずキラーフレーズを作ってそれを7回表記させたりします。こうすることで確実に商品名、サービス名、プロジェクト名などを認知してもらうことが可能となります。

6 アニメーションでインパクトを

プレゼンテーションは相手の感情をいかに動かすかが重要となってきます。
文字＜イラスト＜写真＜動画という順番で情報量が大きく、伝わる度合いが増します。今回のプレゼンでは動画を使用していませんが、文字以外のビジュアルを駆使して感情を動かすことを試みています。

アニメーションは用法用量を守る

アニメーションを使う効果は大きく2つあります。

①ネタバレしない
②視線誘導ができる

まず、ネタバレですが、余白の部分に人は「何が出てくるんだろう？」「どんな展開になるのだろう」と無意識に考えてくれます。

この余白の部分にアニメーションで表示させると、考えていたこととの答え合わせができ、内容がより深く届くことにつながります。

（フェード）

また、余白が残っていることでスライド上にある情報を左から右へと視線誘導でき、理解度を増すことが可能となります。

アクセントをつけたい時には「ワイプ」をおすすめしています。ワイプはゆっくりと文字を表記させるのですが、**必ず左から右へ表示**されていくように設定します。最初の設定は下から上にめくれるような設定となっていますが、あまり下から上にめくれるものは日常で体感しませんので少々違和感を感じます。**スライドの目線同様に左から右へめくるようにしましょう。**

（ワイプ）

「変形」と「マジックムーブ」

さらに視線の誘導で効果的なのはパワーポイントだと「変形」、MacのKeynoteだと「マジックムーブ」というアニメーションです。

このアニメーションは、スライドとスライドの繋ぎ目に設定するアニメーションです。前のスライドで使用していた画像や文字が次のスライドの配置されている位置へ移動しているように見えるため、ちょっとした動画を見ている

ように錯覚にします。

　こちらは**あくまでオフラインで行う場合のみ**にしましょう。オンラインでのプレゼンでは動きがスムーズにいかない場合もあり、効果を発揮しにくいかもしれません。

　アニメーションの種類は多岐にわたります。いろいろな表現を使いたくなりますが、やりすぎるとかえって逆効果です。あくまで相手の立場に立って見やすいもの、違和感がないものを選びましょう。内容が主役であってアニメーションは演出ですからね。

　テクニックに走りすぎないように、プレゼンの中で使用するアニメーションは限定して使いましょう。

(変形、マジックムーブ)

あなたの藩が生まれ変わる!!
廃藩置県で将来安心プレゼン ポイント

- ✅ シグナル効果で感情表現
- ✅ トンマナ重視で
- ✅ 1スライド3色までにおさめよう
- ✅ 暖色系と寒色系はこう使う
- ✅ セブンヒッツ理論を活用しよう
- ✅ アニメーションはフェードとワイプ
- ✅ アニメーションは適度に

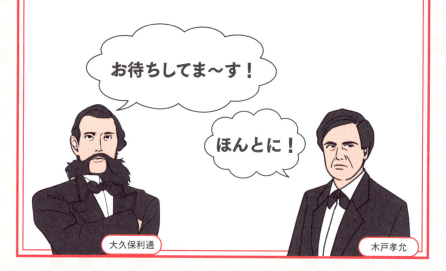

第9章

アメリカへ売り込め!!
渋沢栄一の インバウンドプレゼン

もしも
渋沢栄一が日本への
インバウンド訴求プレゼンをしたら

プレゼンター	渋沢栄一
ターゲット	日本へ遊びに来たいアメリカ人
ゴール	インバウンドを増やす

日本よいとこ
一度はおいで♪

渋沢栄一

第9章
アメリカへ売り込め!! 渋沢栄一のインバウンドプレゼン

1

日本ってどんな国？

渋沢栄一

みなさん、こんにちは。渋沢です。本日はアメリカの皆様にぜひ日本に来ていただきたく参りました。
さて、みなさんにさっそく質問です。日本ってどんな国だと思いますか？

2

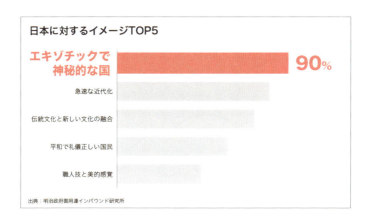

日本に対するイメージTOP 5でダントツの1位がこちら。エキゾチックで神秘的な国だと思っている方が90％もいらっしゃいました。

3

エキゾチックジャパ〜ンなのです！

4

明治6年時点の日本の人口が3,340万人ですから、6,680万の瞳で皆様をお待ちしております！　エキゾチックジャパ〜ン！

5

エキゾチック ジャパン

具体的には、日本庭園やお花見、茶道、能、お城、富士山、着物、武士道など日本の自然や伝統文化に対してエキゾチックに感じられるようです！

6

エキゾチック

さて、このエキゾチックの意味合いですが、皆様なんだかわかりますか？

7

エキゾチック ＝ 異国風

 エキゾチックには、異国風なんていう意味があります。

8

異国 ＝ 異なる国

 異国とは異なる国。

第9章
アメリカへ売り込め!! 渋沢栄一のインバウンドプレゼン

異なる国 = たくさんある

冷静に考えると、アメリカと異なる国はたくさんありますよね。その中で、

なぜ日本なのか？

どうして日本を選ばれるのかについて考えてみたいと思います。

11

なぜ日本なのか？

神秘的

一言で伝えるならば、神秘的であるということです。

12

神秘的ジャパ〜ンなのです。意外かもしれませんが、山や川などの生活に密着している場所にそれぞれ神様がいる国、それが日本なのです。そのことを私たちは八百万の神と言います。

第 9 章
アメリカへ売り込め!! 渋沢栄一のインバウンドプレゼン

13

異国 + 神秘 = 日本

この、異国と神秘が重なる国が、世界で唯一の日本なのであります。

14

日本 = ワクワクする

だからこそ、この未知の国、日本にみなさん、ワクワクするのです。

15

1869年

 1869年。みなさん、覚えていらっしゃいますか？

16

 みなさんの母国アメリカに大陸横断鉄道が走ったのがまさに、1869年でした。未開の地である西側のアメリカにみなさんはワクワクしたと思います！

第9章
アメリカへ売り込め!! 渋沢栄一のインバウンドプレゼン

17

 そして、ご存じの通り未開の地である西アメリカはゴールドラッシュに沸きました！　今日のアメリカ経済の根幹を作ったのがこのフロンティアスピリット＝ワクワクだったと思います。

18

日本 = ワクワクする

 ぜひ皆様、未開の地、日本にワクワクしてください！！
日本との貿易は間違いなく次のゴールドラッシュになるものと思います。

19

6,680万の瞳でお待ちしてます！
エキゾチックジャパ〜ン！

20

ご清聴ありがとうございました。

アメリカへ売り込め!!
渋沢栄一のインバウンドプレゼン　解説編

プレゼンター	渋沢栄一
ターゲット	日本へ遊びに来たいアメリカ人
ゴール	インバウンドを増やす

　第9章は、日本の経済の父である渋沢栄一のアメリカ人へのインバウンド誘致プレゼンです。

　多くの方々に自社のサービスや商品を知っていただくことは重要ですし、全ての営業の方が日夜取り組まれている営業プレゼン。

　そこで**最も重要になるのは興味関心を持ってもらうこと**です。

　渋沢栄一は日本の宣伝マンとして、日本はどういう国なのかを「外国人の目からどう映っているのか?」「どうしてそれが魅力的なのか?」「それはアメリカ人にとってどのような体験と同じことなのか?」を説いていました。

　2019年、安倍元総理が当時のトランプ大統領に日本で新天皇が即位する式典への参加を促す際に、**アメリカの国民的行事であるプロフットボールNFL王者決定戦スーパーボウルの「100倍大事な行事だ」**と説明されて「それなら行こう」と5月訪日を即決したという逸話があります。この時のトランプさんは「それはとてもワクワクすることだな!　重要な行事だ!」とすぐに認識されたのだと思います。つまり、イメージの解像度がグッと上がる説明を当時の安倍元総理はされたわけです。

　いかに相手をその気にさせるのか。

　そのためには、相手をよく知ることが大切です。当時のアメリカ人たちが熱狂したことは何か?　それと匹敵するものだということが言えるかどうか?　それは具体的にどういうことなのか?　相手だけでなく自分たちのこともよくわかっていないと相手に響くものは作ることができません。

　相手に伝わるプレゼンは、相手と自分の両者についてよく理解しておくことが大前提なのです。

		使用テクニック
1	日本ってどんな国？	▶「質問」つかみ

2 使用テクニック
▶ ワンカラー効果

3 使用テクニック
▶ 画像を挿入

4 使用テクニック
▶ 端的に数字で表記

5

使用テクニック
▶ 多画像効果

6

エキゾチック

使用テクニック
▶ セブンヒッツ理論

7

エキゾチック ＝ 異国風

使用テクニック
▶ 公式法
▶ 13文字の法則

8

異国 ＝ 異なる国

使用テクニック
▶ 公式法
▶ 13文字の法則

| 9 | 異なる国 = たくさんある | 使用テクニック
▶ 公式法
▶ 13文字の法則 |

| 10 | なぜ日本なのか？ | 使用テクニック
▶ 質問（つかみ）
▶ 画像を挿入 |

| 11 | なぜ日本なのか？
神秘的 | 使用テクニック
▶ 明朝体で神秘的な雰囲気を演出 |

| 12 | 神秘的 ジャパン | 使用テクニック
▶ 多画像効果で
　→神秘的なイメージを増幅させる |

第9章
アメリカへ売り込め!! 渋沢栄一のインバウンドプレゼン

13

異国 + 神秘 = 日本

使用テクニック
▶ 公式法

14

日本 = ワクワクする

使用テクニック
▶ 公式法
▶ 13文字の法則

15

1869年

使用テクニック
▶ 数字だけを映し出す
　→考えさせて、自分ごとにする

16

使用テクニック
▶ 全画面表示
　→開通当時の画像を提示
　→懐かしさ、共感を演出

| 17 |  | 使用テクニック
▶ 帯透過
▶ 全画面表示
　→ゴールドラッシュで
　　ワクワク感を想起 |

| 18 | 日本 = ワクワクする | 使用テクニック
▶ 公式法 |

| 19 |  | 使用テクニック
▶ セブンヒッツ理論 |

| 20 |  | 使用テクニック
▶ セブンヒッツ理論
▶ 多画像効果 |

第9章
アメリカへ売り込め‼渋沢栄一のインバウンドプレゼン

アメリカへ売り込め‼
渋沢栄一のインバウンドプレゼン

出会いは6680万の胸騒ぎ～♪

テクニック編

渋沢栄一

1 「公式法」で、すぐわかる

文章で表現するよりも公式にした方が短い表記でかつ印象に残るようにすることが可能です。

公式法はさまざまな表現が可能です。

A＋B＝C
A－B＝C
A×B＝C

アイデア次第でどのような記号でも使用可能です。あなたのプレゼンの資料の中で、公式法で表現できる文章がないかチェックしてみてください。

2 「比喩法」で、よくわかる

比喩とは、何か別のものに例えて表現することを指します。

今回の比喩法は、アメリカ横断鉄道の開通で西へ進むことに対してアメリカ国民がワクワクした瞬間やフロンティアスピリット（開拓精神）を想起させ、日本への興味関心へといざなっています。

そのために、日本への解像度を上げるべく高画質の写真を多画像で掲載して、興味関心を多くの方に抱いてもらうようなスライドを作成しました。

私がソフトバンク時代に孫正義社長（現会長）のプレゼンでこだわったのも、この比喩の部分です。

何と比較して表現すればそれが聴衆にわかりやすく伝わるのかにこだわったのを今でも覚えています。

わかりそうでわからない、東京ドーム何個分

　この比喩表現は規模感を示す時に使われます。

　東京ドーム3個分とか、プール10個分といったものです。東京ドーム3個分と言われても、行ったことや見たことのない人にはピンと来なかったりします。ですから、可能な限り聴衆が想定しやすい事柄との比較を持ち出した方がより響く比喩となります。

　こういった比喩表現の事例は常日頃からいろいろなものを見て、自分の中に対象となり得るものを持っておくことも大切ですが、AIを使ってアイデアを出してもらうことも昨今では可能となりました。使用できるツールはできるだけ試して、表現の幅を広げていきましょう。

3　営業プレゼンではコンサルプレゼンがおすすめ

　事前にクライアントのことを調べて、先方のニーズに合ったプレゼンを持って行ったはずなのに、急遽違う方向性になったり、的外れな資料を持参してしまったりしたという経験がある方もいるかもしれません。

　そんな時には焦らずに、その場でプレゼンを一緒に作ることをおすすめしています。

コンサルティングのようにクライアントに寄り添って、**クライアントの発信したことをホワイトボードや手元のノートにまとめながら、自社の要素も盛り込んで手書きでプレゼン資料を作っていくのです。**

会議室にはホワイトボードがよくありますから、そこに記入しながら進めていくと、そのホワイトボードがプレゼン資料になっていきます。ライブ感もあり、クライアントの声も反映されたプレゼンの出来上がりです。

ぜひコンサルプレゼンを実践してみてください。

4 大人数に話す時には

プレゼンする際に気をつけたいのは、少人数であっても多くの人に対してであっても、前を向いて**原稿を読まずに話すこと**です。

原稿を書くことはよいのですが、それを見ながら話すのは一番伝わらないパターンです。皆さんにも経験があると思います。ただ文章を読み上げている人の話は、頭に入ってきませんよね。キーになるのは表情です。

メラビアンの法則

1971年にカリフォルニア大学ロサンゼルス校の心理学名誉教授であったアルバート・メラビアンによって発表されました。

人と人がコミュニケーションを図る時、言葉に対して感情や態度が矛盾していた際に人はそれをどう受け止めるのかについて実験をした結果、言語情報が7％、聴覚情報が38％、視覚情報が55％の割合で、相手に影響を与えるという心理学の法則です。

視覚情報では、表情がかなりのウェイトを占めます。笑顔で話すのと無表情で話すのでは、反応が違ってきます。

話すスピードもこの聴覚情報に含まれてきます。スピードが早すぎると伝わらなくなりますので、自分が話している言葉が自分の耳に届いて聞き取れるくらいの感覚のスピードでお話しするとよいでしょう。

この視覚情報と聴覚情報の93％は非言語コミュニケーション（ノン・バーバ

ルコミュニケーション）というもので、とても重要視されます。

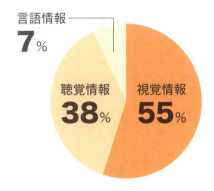

　大切なのは視覚情報の表情、ボディランゲージなどですから、しっかりと原稿を見ずに堂々と伝えていただければと思います。

5　フィラーをなくして、プレゼンに切れ味を

　話す時にとても気になるのがフィラーです。**フィラーとは「あ〜」とか「え〜」のこと**です。経営者でも管理職でも、上手に流暢に話していると一番勘違いしてしまうのが、気づかないうちにフィラーを多用している点です。

　フィラーはなくしましょう。フィラーがあるだけで、自信なく見えたり、中身がなさそうに伝わったりしてしまいます。

　一文話し終わったら**小さいボールを口に放り込んで0.3秒話さないイメージ**をして習慣にしてみましょう。ほんの少し意識するだけでフィラーはなくなります。

アメリカへ売り込め!!
渋沢栄一のインバウンドプレゼン

ポイント

- ✓ 公式法を使ってみよう
- ✓ 比喩法は絶えず考えてみる
- ✓ 比喩法ではターゲットを意識して考える
- ✓ 営業プレゼンはコンサルプレゼンで乗り切る
- ✓ メラビアンの法則
- ✓ フィラーをなくす

第 10 章

これからの時代を切り開く!!
日英同盟の AI プレゼン

もしも
小村寿太郎が伊藤博文に日英同盟の説得を
するプレゼンで AI を活用したら

プレゼンター	小村寿太郎
ターゲット	伊藤博文
ゴール	日英同盟の方針決定

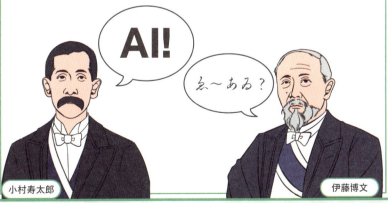

第 10 章
これからの時代を切り開く!! 日英同盟の AI プレゼン

小村寿太郎

伊藤さん、今回の議題は日英同盟の締結です。

伊藤博文

え〜、日英同盟？
僕、ロシアと仲がいいからロシアと協調しようかと思っていたんだけど。

そう言うと思いました。
伊藤さんは僕がどれだけ話をしても聞いてくれないので、今日はすごい助っ人呼んであります。

え〜、助っ人？
だれだれ？

AI ロボット「SHOIN くん」です！

SHOIN くん

コンニチワ。SHOIN くんデス。

え〜〜〜〜〜〜〜〜！！！！！
松陰先生！ お元気でしたか？

伊藤さん。あくまでロボット「SHOIN くん」ですから、伊藤さんの恩師の吉田松陰先生とは違います。ですが、生前の松陰先生の思想、思考、全てをAIで学習させていますので、松陰先生そのものの考えでやり取りすることが可能です。

すごいもの作ったね……。
わ、わかった。じゃ、はじめようか。えーと、なんだっけ……。
（……驚きで何するのかぶっ飛んだわ）

伊藤さん、今回の議題は日英同盟の締結です。
では、改めて、SHOINくんは日英同盟についてどうお考えですか？

コンナカンジデス。

1

🔖 吉田松陰が伊藤博文に日英同盟を説得する場合のメリットとデメリットを表にまとめました。

メリット	デメリット
日本の国際的な地位と影響力の向上	外交政策の自主性の制限
西洋の先進的な知識と技術の導入	イギリスの利益に合わせた政策の強制
日本の安全保障の強化（特にロシアの脅威に対して）	他の大国との関係悪化のリスク
経済的利益の拡大（貿易と投資の増加）	同盟に伴う軍事的、経済的負担

おおお！　さすが松陰先生！
すごいご見解、恐れ入ります！！
で、最終的にはどうすればよいでしょうか？

ソレハオマエガキメロ。

え～！

伊藤さん、SHOINくんはあくまで相談役みたいなものですから実際に決めるのは伊藤さんです。ですが、私もSHOINくんも日英同盟を締結すべきであるという見解でおります！

第 10 章
これからの時代を切り開く!! 日英同盟の AI プレゼン

 AI ってそういうものなのね……。
松陰先生、これからの日本に必要なものはなんでしょうか？

 コンナカンジデス。

2

伊藤博文から日英同盟後の日本において必要なことについて、吉田松陰がどう答えるかを表にまとめました。

必要なこと	具体的内容
国内改革の強化	政治、経済、社会制度の全面的な近代化。土地制度や教育制度の改革。
国民教育の充実	国家意識と愛国心を育成する教育の普及。伝統的価値観と西洋思想のバランス。
軍事力の増強	陸海軍の近代化、西洋軍事技術の導入による国防力の自立的強化。
外交自立の確立	同盟を利用しつつ平等な外交関係の構築。長期的な外交政策の自立。
経済自立の推進	国内産業の育成、製造業や農業の近代化。貿易の多角化。
社会正義の実現	社会の不平等解消、すべての国民が公正に扱われる制度の構築。

 なるほど！　さすが先生！
具体的にどんなロードマップで進めたらよいでしょうか？

 コンナカンジデス。

3

吉田松陰が伊藤博文に提案する日英同盟の実施に向けたロードマップを具体的なスケジュールと共に表にまとめました。

段階	内容	スケジュール
初期交渉	英国代表との対話開始、安全保障と貿易などの共通利益領域を強調。	1902年初 - 交渉開始
戦略協定	技術移転や共同海軍演習など、具体的な軍事的および経済的合意の詳細化。	1902年中 - 協定署名
文化・教育交流	両国の学生に向けた奨学金プログラムを含む文化交流プログラムの設立。	1903年初 - プログラム開始
長期戦略的見直し	同盟の影響を評価し、必要に応じて戦略を適応するための定期的な見直しの設定。	毎年評価 - 戦略の見直し
独立への道	同盟を活用して日本の国際的地位を強化し、最終的に外交的独立を目指すステップの概要。	1910年代 - 自立目標達成

なるほど！　松陰先生、勉強になります！
小村くん！　これ、なんかいい感じだね！

 伊藤さん！　SHOINくんはなかなかよい案を提示してくれたと思います！（私が提案しても全て却下していたくせに……）

 うん。これで進めよう！

 はい！　よろしいですか？
では、SHOINくんの案で進めさせていただきます。

 松陰先生、ありがとうございました！

 諸君！　狂イタマエ！

 はい！　先生！

 （伊藤さん。しっかり自分を持ちましょうよ……）

第 10 章
これからの時代を切り開く!! 日英同盟の AI プレゼン

これからの時代を切り開く!!
日英同盟のAIプレゼン 解説編

プレゼンター	小村寿太郎
ターゲット	伊藤博文
ゴール	日英同盟の方針決定

そもそもAIとは……

小村寿太郎

　いよいよ最後のプレゼンです。今回はChatGPTを使用して伊藤博文からの質問に回答していく近未来のやり取りを描いてみました。

　現在も目まぐるしい進化を遂げているAI。何か質問をしたらこれまでの過去の膨大なデータからその回答を無限に導き出してくれるのは驚きものです。

　今回は実際にChatGPTに、もし吉田松陰が日英同盟にあまり賛同していない伊藤博文を説得するとしたらどのようなことを述べるのかを、これまでの吉田松陰の資料から類推して回答を作成させてみました。

　私たちが実際に企業でプレゼンをする際に、「誰からプレゼンされたら承認をするのか？」は大きなウエイトを占めています。**プレゼンター自身に信頼があると、過去の実績や会社への高いエンゲージメントから、どんなプレゼンであったとしても承認されやすくなります。「信頼貯金」が多ければ、目をつぶってOKを出すことができるのが人間の性です。**

　信頼している人に任せれば、最後まで精一杯ゴールに向かって走ってくれることを確信できますよね。

　今回は、伊藤博文の師にあたる吉田松陰に、AIロボットSHOINくんとなって受け答えしてもらいました。

　あなたが参考にしたい方はどういった方でしょうか？　その上司や決裁者、クライアントの言葉、そこから導き出されるその人の思考を学習させることで、近い将来、プレゼンの方法は大きく変わっていくことでしょう。

　また、**資料の作成方法も、具体的にプレゼンしたい骨子や趣旨などを説明した上で、作成依頼をかければAIが自動的にプレゼン資料を作成する時代がもう目の前まで訪れています。**

1

吉田松陰が伊藤博文に日英同盟を説得する場合のメリットとデメリットを表にまとめました。

メリット	デメリット
日本の国際的な地位と影響力の向上	外交政策の自主性の制限
西洋の先進的な知識と技術の導入	イギリスの利益に合わせた政策の制約
日本の安全保障の強化（特にロシアの脅威に対して）	他の大国との関係悪化のリスク
経済的利益の拡大（貿易と投資の増加）	同盟に伴う軍事的、経済的負担

> **使用テクニック**
> ▶ 質問を詳細に設定して、回答を表にして抽出

2

伊藤博文から日英同盟後の日本において必要なことについて、吉田松陰がどう答えるかを表にまとめました。

必要なこと	具体的内容
国内改革の強化	政治、経済、社会制度の全面的な近代化。土地制度や教育制度の改革。
国民教育の充実	国家意識と愛国心を育成する教育の普及。伝統的価値観と西洋思想のバランス。
軍事力の増強	陸海軍の近代化。西洋軍事技術の導入による国防力の自立的強化。
外交自立の確立	同盟を利用しつつ平等与の外交関係の構築、長期的な外交政策の自立。
経済自立の推進	国内産業の育成、製造業の近代化、貿易の多角化。
社会正義の実現	社会の不平等解消、すべての国民が公正に扱われる制度の構築。

> **使用テクニック**
> ▶ 質問を詳細に設定して、回答を表にして抽出

3

吉田松陰が伊藤博文に提案する日英同盟の実施に向けたロードマップを具体的なスケジュールと共に表にまとめました。

段階	内容	スケジュール
初期交渉	英国代表との対話開始、安全保障と貿易などの共通利益領域を確認。	1902年初・交渉開始
戦略協定	技術移転や共同軍事演習など、具体的な軍事的および経済的合意の詳細化。	1902年中・協定署名
文化・教育交流	両国の学生に向けた留学プログラムを含む文化交流プログラムの設立。	1903年初・プログラム開始
長期戦略的見直し	同盟の影響を評価し、必要に応じて戦略を適応するための定期的な見直しの設定。	毎年評価・戦略の発展
独立への道	同盟を活用して日本の国際的地位を強化、最終的に外交的独立を目指すステップの概要。	1910年代・自立目標達成

> **使用テクニック**
> ▶ スケジュールなども質問すると、推奨案を提示してくれる

第 10 章
これからの時代を切り開く!! 日英同盟の AI プレゼン

これからの時代を切り開く!!
日英同盟のAIプレゼン テクニック編

1　ChatGPTを活用して、資料作成を効率化

　生成系AIは現在進行形で進化中で、今後もさらにその使用範囲は広がっていきます。今回は回答例を作成しましたが、もちろんどんな質問が出てくるのかを想定させることも可能です。

　例えば、5つの質問を想定するように指示を出すと上記のように回答してくれます。
　重要なのは、

①自分が必要とする答えを導き出すように質問ができているか？（質問力）
②AIの回答を鵜呑みにするのではなく、あくまで参考として自分の考えに不足しているものを補完するという認識でいること

の2つを意識しましょう。

2　AIによるプレゼン作成の未来像

今後は、誰にどういったプレゼンをするのかが明確であれば、必要な事項を入力するだけで、

①設計図
②シナリオ作成
③プレゼン資料作成
④画像の生成
⑤動画の生成
⑥トークスクリプト作成
⑦AIによる自然なトーク
⑧質疑応答の準備（想定質問とそれに対する回答及び回答を補足する資料の作成）

と全ての工程が代替される未来が訪れます。

これまでよりも短い時間でAIが自動で生成してくれるわけですから、私たちはそれをチェックすることがメインの作業になってきます。

大切なのは、AIが作成したものが全てにおいて正しい情報を元に作成されているかどうかが不明瞭なところです。

その段階においては**必ずファクトチェックの細心の注意は欠かせません**。

ただし、AIが作成するプレゼンはもしかするとどこかで見たもの、どこかで誰かが作ったものを参考にして作られているので、あなた自身のオリジナリティや個性を出すのには適っていないかもしれません。

したがって、**これからはチューニング力が求められてくる**ようになります。

不確実性が増大している時代だからこそ、あなた自身の念いや軸、個性、アイデンティティというものをより研ぎ澄まして明確にしておくことが求められるのです。

あなたにしかできないこと、あなただからできること、本当にあなたがやりたいことを実現させていくツールとしてのプレゼンをぜひ作り上げてください。

これからの時代を切り開く!!
日英同盟のAIプレゼン　ポイント

- ✓ ChatGPTを使いこなそう

- ✓ AIでプレゼン資料は作成できるけれどもチェックは自分で行おう！

- ✓ 大切なのは自分の意見を持つこと！

諸君！AIニ流サレルナヨ！

SHOINくん

おわりに

『歴史的プレゼン』楽しんでいただけましたでしょうか？

　なんとなく読み終わってみて、「私も今の資料をもっと伝わるものにしてみたい！」「私のプレゼンで歴史を動かしてみたい！」と思っていただけましたら幸いです。

　私は歴史学者でもなく、ただの歴史がちょっと好きなだけの者ですが、僭越ながら少しだけ私の歴史観をお話しさせていただければと思います。
　私たちがいま生きているということはまぎれもない事実であり、私たちの軌跡は未来から見れば歴史の一部だったりします。同じ時代で同じ時間を共有しながらもそれぞれの考えや見方、捉え方が違いますから、起きた事象について角度によっては全く違った歴史として伝えられます。

　そういえば学校で習った歴史も30年も経てば、頑張って受験で覚えた年号がその後の最新の研究で違っていることがわかって変更されたり、資料集で見ていた武将の顔が実は全く関係ない人だったりと、意外と歴史は変わるものなんだなということを大人になって実感したことがありました。
　この書籍は学術的な研究結果をもとにして表現したものではありませんが、自由にその発想を広げて、

・どうすれば相手が一歩踏み出してくれるか？
・どう伝えたら相手が納得してくれるか？

とほんの少し相手の気持ちに寄り添うことで、歴史が動いていくことを表現できればと思って作成しました。

　歴史は自分の強い念(おも)いを伝えることからスタートです。それを聞いてくれた相手が行動変容することによって、また歴史が形作られていくものだと私は思います。

全ての人が歴史の担い手であり、全ての人が誰かに何かを伝え、それに共感し、納得して、行動に移していく。日常の生活はその連続であり、仕事もまさにその連続です。

　プレゼンテーションというツールを使うまでもなく、日々私たちは自分の念いを伝えています。昼食を何にするか、休日に何をするのか、誰と会うのかなど、全て自分が意思決定することからスタートしています。つまり、自分の念いがその起点になっているのです。

　お昼にラーメンを食べたい、休日に家電を見に行きたい、久しぶりに同級生と会うといった意思決定は、その根底に自分の念い（＝強い気持ち）があるからこそなのです。私たちはそれを共感してくれるであろう人に伝えています。「今日のお昼、○○のラーメン食べない？」「最近掃除機の吸い込みがイマイチ悪いからぼちぼち変えたいんだよね～。一緒に家電屋さん付き合って～」「そういえば同級生の○○が転職したって言ってたな。どんな感じだろう……」という感じです。

　そしてあなたは相手に対してコミュニケーションをとって行動に移すでしょう。こうやってあなたの人生の１ページは枚数を重ねて完成していきます。

　プレゼンはあなたの大切なその強い気持ちを数枚のスライドで切り出したメッセージカードなのです。
　ぜひ、あなた自身であなたの念いを届けて未来をデザインしてください。
　その未来があなたの歴史です。

　歴史は作られるものではなく、あなたの念いが作り出すもの。

　素敵な未来となりますように。

改めまして、今回の出版にあたりお声がけいただきました株式会社クロスメディア・パブリッシングの末岡滉弘様に心から感謝申し上げます。末岡さんが私にこの企画をメールしてくれなければこの本は世に出ませんでした。私に声をかけてくださいまして、本当にありがとうございました。1つひとつのプレゼンにわかりやすさと明確なロジックと笑いのエッセンスを入れることをずっと楽しみながら作ることができました。温かく見守っていただき感謝しております。

　そして育休明け早々、本書の出版にあたりスライドをデザインしてくれた弊社の堀口友恵に心から感謝します。プライベートでもハードな日々と向き合いながら本づくりにタッチしてくれて本当にありがとう。

　そして、幼少期の私に、決して裕福ではなかった家計の中で学研の『まんが日本史』や『まんが人物日本史』を買ってくれた、今はすでに他界してしまった両親に心から感謝して。あなたたちが私に買ってくれたあの本のおかげで私は執筆することができました。本当にありがとう。

前田鎌利

[著者略歴]

前田鎌利（まえだ・かまり）

プレゼンテーションクリエイター／書家

東京学芸大学卒業後、通信業界にて17年にわたり従事。2010年に孫正義社長（現会長）の後継者育成機関ソフトバンク アカデミア第1期生に選考され年間第1位を獲得。孫社長（現会長）のプレゼン資料企画・作成・演出などを手掛ける。ソフトバンクグループ会社の社外取締役や、ソフトバンク認定講師として活躍。2013年に退社、独立。ソフトバンク、ベネッセコーポレーション、セブン‐イレブンなど年間200社を超える企業にて講演・研修等を行う。著書はシリーズ累計47万部を超える。

また、独立書家として700名が通う書道塾 継未 -TUGUMI- を展開。Softbank「志高く」、JAXA「こうのとり」、Jリーグ「絶対突破」、『逃げ上手の若君』（週刊少年ジャンプ）での書の提供など多数の作品を手がけ、ライブパフォーマンスや個展を国内外にて開催。

株式会社 固 代表取締役／一般社団法人 プレゼンテーション協会 代表理事／一般社団法人 継未 代表理事／情報経営イノベーション専門職大学客員教授／サイバー大学客員講師／私設図書館つぐみ館長／めがねのまち さばえ PR 大使

歴史的プレゼン
（れきしてき）

2024年12月21日　初版発行

著　者	前田鎌利
発行者	小早川幸一郎
発　行	株式会社クロスメディア・パブリッシング 〒151-0051 東京都渋谷区千駄ヶ谷4-20-3 東栄神宮外苑ビル https://www.cm-publishing.co.jp ◎本の内容に関するお問い合わせ先：TEL(03)5413-3140／FAX(03)5413-3141
発　売	株式会社インプレス 〒101-0051 東京都千代田区神田神保町一丁目105番地 ◎乱丁本・落丁本などのお問い合わせ先：FAX(03)6837-5023 service@impress.co.jp ※古書店で購入されたものについてはお取り替えできません
印刷・製本	株式会社シナノ

©2024 Kamari Maeda, Printed in Japan　ISBN978-4-295-41045-4　C2034